中小学体育教师
培训绩效评价研究

陈栋　著

人民体育出版社

图书在版编目（CIP）数据

中小学体育教师培训绩效评价研究 / 陈栋著. -- 北京：人民体育出版社，2023
ISBN 978-7-5009-6279-3

Ⅰ. ①中… Ⅱ. ①陈… Ⅲ. ①中小学－体育教师－师资培养－研究－中国 Ⅳ. ①G633.962

中国国家版本馆CIP数据核字(2023)第044133号

*

人民体育出版社出版发行
北京建宏印刷有限公司印刷
新 华 书 店 经 销

*

710×1000 16开本 13印张 221千字
2023年1月第1版 2023年1月第1次印刷

*

ISBN 978-7-5009-6279-3
定价：71.00元

社址：北京市东城区体育馆路8号（天坛公园东门）
电话：67151482（发行部） 邮编：100061
传真：67151483 邮购：67118491
网址：www.psphpress.com
（购买本社图书，如遇有缺损页可与邮购部联系）

摘 要

对于中小学体育教师培训，从国家级的骨干体育教师培训到县区级的普通体育教师培训，国家投入了大量的人力、物力和财力。为了掌握培训的绩效水平，以及改进与提高未来中小学体育教师培训，其关键的步骤就是进行绩效评价。

本书旨在探索中小学体育教师培训绩效评价的本质，揭示其内在规律，并且设计出符合体育学科特征和成人教育特点的中小学体育教师培训绩效评价体系，以便在实践中对培训绩效展开全面和客观的评价。为了达到深入研究的目的，本研究采用了文献分析法、访谈法、特尔菲法、层次分析法、问卷调查法、数理统计法等。

文章的整体思路：首先，对“教师培训”“体育教师综合性培训”“绩效”“评价”等术语进行界定，明确了文章的逻辑起点。在此基础上，对国内外教师培训、绩效评价、体育教师培训绩效评价的文献进行了整理，梳理出我国体育教师培训绩效评价研究的脉络。其次，对我国中小学体育教师培训绩效评价历程和问题展开研究，指出问题的解决方法，加强中小学体育教师培训绩效评价理论研究，以及建立科学的绩效评价体系。最后，阐述了中小学体育教师培训绩效评价的评价特点、评价原则、评价依据、评价标准、评价方法、评价误差因素等。在充分分析了培训绩效评价基础知识之后，针对中小学体育教师培训绩效评价的核心问题——评价体系进行进一步研究：首先，从中小学体育教师培训绩效评价内涵出发，分析体育教师培训绩效评价的特征，综合软系统分析理论、培训迁移理论、学习理论和利益相关者理论等，确立绩效评价模型。其次，通过访谈法、文献法、逻辑分析法确立初级指标；然后通过21位专家两轮咨询，最终确立了中小学体育教师培训绩效评价指标体系。再通过层次分析法，确立了绩效评价指标的权重，同时拟定了评价指标的标准。最后，通过案例分析，验证了所构建的中小学体育教师培训绩效评价体系的可行性，并提出了提高培训绩效评价的启发和建议，以及提升培训绩效的策略。

本研究内容共分为五部分：

第一部分为绪论。首先，阐述了研究背景、目的和意义，并对教师培训、体育教师综合性培训、绩效、培训绩效评价进行释义，为研究的逻辑起点奠定基础。其次，分别对体育教师培训、绩效评价、体育教师培训绩效评价的文献进行了综述，在此基础上阐述了研究目标和研究内容，以及相应的研究方法，然后细化研究思路，用概念图的形式整理出研究路线图。最后，提出了本研究的主要创新点与预期成果。

第二部分为中小学体育教师培训绩效评价历程与问题。首先，归纳和总结我国中小学体育教师培训绩效评价的发展历程为起步阶段、摸索阶段和深化发展阶段。其次，指出我国培训绩效评价存在的问题：缺少有效的绩效评价体系、培训绩效评价有套用教育评价的倾向、绩效评价没有立足体育教师专业的特点、缺少追踪评价、培训主体的单一化。最后，提出解决问题的思路：明确中小学体育教师培训绩效评价的理论、构建科学的培训绩效评价体系。

第三部分为中小学体育教师培训绩效评价的理论分析。首先，阐述了绩效评价的特点、功能、作用和意义。特点为矛盾性、目的性、综合性、模糊性、复杂性、体育教育性。功能主要体现在决策服务功能和鉴定功能。作用主要表现为导向作用、诊断作用、激励作用、交流作用。意义包括微观与宏观两个部分。其次，阐述了开展培训绩效评价的依据与基本要求。在此基础上归纳出绩效评价的原则：定量评价与定性评价相结合原则、综合评价与重点评价相结合原则、形成性评价与总结性评价相结合原则、即刻评价与追踪评价相结合原则、系统性评价与可操作评价相结合原则，阐述了绩效评价数据的收集方法和最终评价的方法。

第四部分为中小学体育教师培训绩效评价体系构建。首先，从中小学体育教师培训绩效评价内涵出发，分析体育教师培训绩效评价的特征，综合学习理论、软系统分析理论、培训迁移理论和利益相关者理论等，确立绩效评价模型。该模型分为反应层、学习层、个人层、利益相关者层四个层次，即一级指标。在一级指标下，预设了二级指标和三级指标，并通过两轮特尔菲法，最终确立了一级指标4项、二级指标11项、三级指标43项的培训绩效评价指标体系。其次，通过层次分析法，确立各指标权重。最后，对各指标的标准进行说明。

第五部分为中小学体育教师培训绩效评价验证分析。将已构建成的培训绩效评价体系，在绩效评价方案的指导下，进行中小学体育教师综合性培训项目的绩效评价验证，证实该评价体系的可行性，并得出启示：追踪评价的必要性和可行性；选择合适的评价主体；消除评价主体的思想顾虑。提出绩效评价的建议：顶层设计要强调追踪评价；营造良好的培训绩效评价认识；构建科学评价指标；评价过程本身的科学性；集成多种评价方法；建立分阶段评价制度；实施第三方评价。另外，归纳总结出提升教师培训绩效的策略：重视培训师的选择；培训周期内设置网络研修环节；加强教师培训需求调研；设计多元化培训内容；利用现代化技术督促受训教师学习；加强绩效评价的监控。

著者

2021年5月

目　录

绪 论

第一节 研究背景与意义

一、研究背景

十年树木，百年树人。国家的兴衰在于教育，教育的成败在于教师。唯有抓住源头活水，才能保证人才培养的质量。中小学教育是高等教育的基石，高等教育作为中小学教育的上层建筑，它的选材对象的质量取决于中小学教师的培养。作为培养学生的教师，他们所具有的专业能力决定了学生的学习质量。教师专业能力主要取决于两个阶段：一是在任职之前，在中专学校或高等学校进行专业学习阶段，即职前教育；二是在进入工作岗位后的职后教育，即教师培训。教师的专业成长不是线性发展过程，而是螺旋上升发展过程，是一个缓慢积累的过程，是一个渐变的过程，这个过程要经历一定时间的打磨。在一个知识大爆炸的时代，一个以终身学习为标签的时代，教师已不可能通过职前的专业学习而享用终身。要成为一个不被教育事业淘汰的教育工作者，就必须不断地学习知识和实践，在职前教育的基础上，根据时代发展的需要、人才发展的需要，进一步进行培训。职前教育主要是专业知识和技能的储备阶段，可为日后的工作奠定坚实的和广博的专业基础。职后培训则更有指向性，主要是基于实际工作，对知识与技能的应用、更新、再储备。随着学习化社会的形成，教师培训对教师专业成长的作用日益彰显，在某种程度上，教师专业能力的培养日益偏向于职后培训，正如联合国教科文组织在1998年发表的报告①中指出，虽然大多数国家依然把对教师的培养放在任职前的教育上，但不可否认的是，教师职后培训在最近30年的作用日益凸显；教学工作相较其他职业而言，

①联合国教科文组织. 1998年世界教育报告——教师和变革世界中的教学工作［M］. 北京：中国对外翻译出版公司，1998：4.

有其自身的特点，那就是教学职业本身也是一种“学习”的职业，教育工作者在职业生涯中始终都要有机会对自己进行充电，对知识、技能进行补充和更新。

我国教师培训从改革开放初期的基本教学方法掌握开始，历经学历补偿培训，再到20世纪80年代后期促进教师专业能力发展的培训。1999年9月，在《中共中央　国务院关于深化教育改革全面推进素质教育的决定》①颁布后不久，教育部在上海召开了关于全国中小学教师继续教育和校长培训工作的会议，会议的主要目的是对全国中小学教师继续教育和校长工作展开部署，这次会议标志着我国顶层的中小学教师培训工程正式启动。2010年教育部制定的《国家中长期教育改革和发展规划纲要（2010—2020年）》②提出，为了提高教师专业水平和教学能力，培养一批教学名师和学科领军人才，要不断完善培训体系。同时，中央财政预算每年拨款5.5亿元。在当今终身学习、学习社会化的大背景下，教师培训对于弥补教师专业知识不足，学习日益更新的知识体系和教育理念有重要促进作用。同时，对于均衡不同区域的教育水平，促进基础教育改革，提高教育水平，最终促进中国人才培养具有重要意义。

现在中国已成为世界第二大经济实体，已从过去解决温饱的经济发展要求向全民奔向小康生活的经济目标发展，在这种经济高速发展、人民物质生活和精神生活共同迈进的大好形势下，人们对健康的关注达到前所未有的高度，虽然健康与多种因素有关联，但体育在健康中的积极影响作用已成为共识。体育锻炼的意识、健身的方法、运动的技能是从教育体系的体育课中不断积累和提升的。而促进这些方面的培养离不开体育教师。由于以前的刻板印象，人们总是误以为体育教育工作只是伸展肢体的简单工作，随着体育知识的普及、脑科学研究成果的突破，对各行各业专业能力认知的深入，外界逐渐认识到体育教育的重要性和体育教师职业的专业性，中小学体育教师培训在教师培训体系中也得到了应有的重视。为此，我国投入了大量的人力、物力和财力，系统地从上到下建立起国家、省、市、县（区）层次分明的中小学体育教师培训体系。

然而，如此大规模的中小学体育教师培训多大程度实现了开展培训的预期目标，它的绩效如何？如何基于绩效的结果进行下一步决策，达到培训的改进与提高？这些问题是国家、社会、教育部门高度关注的问题。在宏观方面，现在加强绩效评价是各个国家行政、企业、事业单位进行有效管理的普遍手段。

①中共中央　国务院关于深化教育改革全面推进素质教育的决定［Z］. 1999.

②教育部. 国家中长期教育改革和发展规划纲要（2010—2020年）［Z］. 2010.

中小学体育教师培训作为政府出资支持的师资教育，为了实现科学化管理，开展对中小学体育教师培训绩效评价的研究，是时代的要求，是管理现代化的要求，是推动教师培训事业向前发展的要求。在中观方面，教育部作为体育教师培训的主管部门，为了实现培训效益最大化，在其颁布的《教育部办公厅关于加强国培计划项目绩效考评工作的意见》①《"国培计划"示范性集中培训项目管理办法》②《教育部关于深化中小学教师培训模式改革全面提升培训质量的指导意见》③等文件中明确提出，为规范和加强培训管理工作，保证培训质量，必须加强培训绩效评价工作。开展对中小学体育教师培训绩效评价的研究，是加强培训绩效评价工作的具体表现形式。在微观方面，中小学体育教师培训的承办者可以通过培训绩效评价的最终结果，找到培训组织的不足，从而进行有针对性的改进与提高。开展对中小学体育教师培训绩效评价的研究，是为绩效评价提供工具支持，是保障实现培训目标的工作之一。

二、研究目的与意义

（一）研究目的

探索中小学体育教师培训绩效评价的本质，揭示其内在规律，研制中小学体育教师培训绩效评价体系，为中小学体育教师培训绩效评价的实施提供工具支持。

（二）研究意义

1. 理论意义

1）探求中小学体育教师培训绩效评价的本质，分析体育教师培训绩效评价的理论基础，厘清体育教师培训绩效评价的规律，揭示其特点、功能、作用和意义，以及评价的依据与整体标准，丰富和完善体育教师培训管理理论。

2）探寻适用于中小学体育教师培训项目的绩效评价指标的筛选原则、程序与标准体系，探索一种符合体育学科和成人学习规律等特点的培训绩效评价体

①教育部. 教育部办公厅关于加强国培计划项目绩效考评工作的意见［Z］. 2010.

②教育部办公厅，财政部办公厅. "国培计划"示范性集中培训项目管理办法［Z］. 2013.

③教育部. 教育部关于深化中小学教师培训模式改革全面提升培训质量的指导意见［Z］. 2013.

系，从而完善体育教师培训绩效评价体系的研究，创新体育教师培训绩效评价模式。

2. 现实意义

1）通过设计的体育教师培训评价体系——指标体系、权重系数、评价标准，对中小学体育教师培训项目开展绩效评价，了解培训是否达到预期目标和要求，为管理部门提供决策参考。

2）通过体育教师培训绩效评价体系验证培训项目的作用与效果，发现并反馈培训中存在的问题，有利于主办单位对培训工作进行相应的改善，进而达到提高教师个体培训效果的目的。

3）通过研究教师培训项目设计、评价层次、评价流程、评价主体等，为培训机构规范工作流程、改进培训方案、提升评价培训绩效的有效性提供参考借鉴。

第二节　相关概念

概念作为人类认知思维体系中最基本的单位，是人类在认识客观世界的过程中，由感性认识向理性认识转变时，将事物在感性认识中的本质进行高度的抽象概括，它是能反映事物本质属性的思维形态[①]。在对事物展开研究之前，必须清晰把握研究所涉及的概念，才能在界定的框架内进行深入细致的研究。

一、教师培训

在国际上，教师培训这一行为活动在20世纪60年代中期之前一直以“教师在职培训”（in-service training）来称谓。它不仅包括在职教师为了发展兴趣、拓展知识、深化技能而参与的学习和活动，也包括在职教师谋求更高学位、证书和教师职业等其他相关资格所参与的学习和活动（凯恩，1969）。1970年，英国的教育和科学部定义教师在职培训为在职教师参与的任何与其专业工作相关的活动[②]。20世纪80年代，因“教师在职培训”概念不能完全反映在职教师学习

①周德义. 论概念教师与教师教育［J］. 当代教育论坛，2004（2）：37-41.

②杜静. 英国教师在职教育发展研究［D］. 重庆：西南大学，2007.

概念的内涵和外延而倍受学术界争议，因此将其改为“在职教育”（in-service education），意为连续的学习和活动来促使教师专业、技能、人格的发展（莫兰特，1981）。但这一称谓也受到学界争论，最后产生了一个综合称谓“in-service education and training of teacher（简称INSET）”，译为教师在职进修。

中华人民共和国成立初期，我国对教师培训并没有统一明确的称谓，通常称呼为“教师在职学习”和“教师进修”。当时教师紧缺，教师的培训实际上是教师不脱产进行培训，主要集中在工作之余进行集中学习或者教师自学，而由培训教师对受训教师进行培训的活动很少见[①]。

随着教育理念的变化，教师培训的内容和形式发展有了很大的变化，“教师在职学习”和“教师进修”已不能完全反映教师培训的内涵和特征。1986年2月，国家教育委员会印发的《关于加强中小学在职教师培训工作的意见》中，第一次使用“教师培训”这一称谓，学术界也逐渐用教师培训替代了“教师在职学习”“教师进修”等称谓。现代继续教育始于20世纪中期，西方的继续教育这个概念由终身教育理念发展而来，是在教师培训理论和实践的基础上，经历了一系列的探索发展而提炼出来的，它较以前的培训有了更广泛的含义。从严格意义上来说，我国的继续教育起步较晚，1979年我国参加了第一次继续工程教育大会后，正式将“继续教育”的概念引进国内。1990年12月，原国家教委在全国中小学教师继续教育工作座谈会上对教师继续教育概念进行了明确的界定，指出教师继续教育是针对已达到国家规定学历的教师，以提高政治思想素养和教学能力为目标的培训，涵盖了部分骨干教师提升学历的培训、骨干教师的培训和新进教师的培训。此后，出现了“教师培训”与“教师继续教育”在国内文件与研究文献中同时使用的局面。2017年2月，教育部办公厅和财政部办公厅共同颁布了《关于做好2017年中小学幼儿园教师国家级培训计划实施工作的通知》[②]，是最新出现关于“教师培训”的文件。本研究将“教师培训”视为教师的学历提高与专业知识、专业技能、情感态度和价值观等内在素质的持续提升的过程，那么“教师培训”与“教师在职学习”“教师在职进修”“教师进修”“继续教育”所表达的意思趋于一致，另外，“教师培训”已在我们的生活中约定俗成，已为人们熟知和接受。因此，本研究使用“教师培训”这一概念。

①白炳贵. 我国中小学教师培训研究回顾与展望［J］. 青海社会科学，2009（4）：193-195.

②教育部办公厅，财政部办公厅. 关于做好2017年中小学幼儿园教师国家级培训计划实施工作的通知［Z］. 2017.

二、体育教师综合性培训

现在大多数中小学体育教师培训，特别是国家级中小学体育教师培训，以招标的形式确定教师培训的承办学校。教育部对体育教师培训内容没有做出具体的规定，各申报学校根据当前的中小学体育教育形势，结合自己学校的体育师资水平，拟定具体的培训主题，然后围绕主题，设计培训内容。

体育教师综合性培训主要与运动单独项目培训或者某一项专业技能培训相对应，所谓运动单独项目培训，是指整个培训围绕着体育某个项目而开展，它的特点是培训内容是提高受训体育教师在某个项目上的相关专业能力，如现在广泛开展的校园足球教师培训、篮球教师培训、排球教师培训等。江西省的豫章师范学院于2018年申报的国家级中小学体育教师培训项目（已申报成功，并于2019年实施），是专门围绕着校园足球展开的中小学体育教师培训，其培训内容安排：足球课堂设计及基本技术训练、足球实践课教学教法、国外足球理念分享和足球课堂设计、足球技术教学等。从培训内容可以看出，它是围绕着足球这一单一项目进行有关内容的培训，所培训的教学技能和动作技能都与足球相关联，而不涉及其他体育项目。

某一项专业技能培训是指根据现代体育教学的需求，有针对性地开展某一方面的专业技能的培训，它的培训内容的设计围绕着具体某一方面的技能开展，如针对现代教育技术，或者体育教师师德，抑或体育教学设计、体育教学评价、体育教学管理等。

综合性培训往往不限于某一项技能，或者某一单项运动。它是以体育教师整体的专业能力为出发点，突出培训内容的综合性。为了促进体育教师专业能力整体提升，培训内容涵盖多个领域，在体育实践技能方面，则借助多种技能或者多个运动项目的组合。江西师范大学于2017年承办的国家级中小学体育教师培训项目，就是围绕综合性内容展开培训的。它的培训内容包含了体育教师品德、体育教学设计、体育教学评价、体育教学管理、体育健身知识等，同时在关于体育项目技能的培训中，涉及多个体育项目，如足球、排球、乒乓球、武术、篮球、田径等。

经过对全国中小学体育教师培训项目调查发现，大多数培训都围绕着体育教师综合专业能力展开，其培训的内容也是多方面知识的综合。因此，本研究中的中小学体育教师培训绩效评价的指标体系研制就围绕着综合性培训而展开。

三、绩效

在古汉语中，绩效（performance）一词就存在，“绩”为动词，指把麻拨开揉搓成线。“效”则有五种释义：第一，摹仿、仿效；第二，尽、致；第三，功用、结果；第四，证明、查明；第五，考核、考察。现代的“绩效”一词，来源于西方管理实践，出现在19世纪初期，由罗伯特·欧文最先将“绩效”一词应用于苏格兰的工业领域。“绩”就是结果，是指是否按计划预期实现了目标，主要任务是否已完成，侧重反映量的成果；“效”就是效率、效益、效果，是指完成任务的效率、任务所带来的效果、资金使用的效益、预算支出的情况等，侧重反映质的成果[①]。最初，绩效主要体现在经济管理活动方面，理解为活动的结果和成效。随着管理实践的深入，人们对绩效的认知发生了变化，管理大师彼得·德鲁克指出，所有的组织都必须重新审视“绩效”，绩效在以前是一个简单明了的问题，但现在的情况发生了改变。管理中策略的拟定亟须对绩效进行新的定义。贝茨和霍尔顿一致认为，绩效的含义因其观察与测量角度的不同，导致其所得出的结论也会有所区别，所以绩效概念的组成是多维的。目前，学术界没有对绩效的概念达成一致，对绩效的定义主要从结果、行为两个维度，形成两种主要观点：1）绩效是结果。伯纳丁认为，公司发展最为密切的战略目标、资金投入和顾客满意度与工作结果有着紧密的联系，因此，绩效应该被看作工作结果。凯恩指出，绩效是个人留下的东西，这种东西相对独立存在[②]。持这一观点的人认为绩效是在一定的时间内，由工作职能或活动产出的结果。而不同类型或水平的工作结果可以通过关键事件领域、与目标的契合度、生产量、效益等方面来度量。2）绩效是行为。坎普贝尔认为，由于结果会受组织系统中多种因素的影响，因此绩效不应等同于结果，而应是与组织目标有密切联系的和可测查的行为[③]。墨菲认为是与组织或组织单元的目标有关的一系列行为。博尔曼和莫托威多在有关行为理论的基础上提出了二维行为绩效的结构模型：任务绩效和关系绩效。所谓任务绩效，是与角色行为相联

①Kam J，Ralf M.A retrospective look at our evolving understanding of project success［J］. Project Management Journal，2005（4）：19–31.

②Kane J S，Elawer E.Performance appraisal effectiveness：its assessment and determinants［J］. Research in Organizational Behavior，1979（1）：425–478.

③Cambell J P，Mccloy R A，Oppler S H，et al.Theory of performance personnel selection in organizations［M］. SanFrancisco：Josey–Bass，1993：45–57.

系，与工作所必备的行为或特定工作熟练有关的行为，而关系绩效则与角色行为无关，是自发的行为或者与非特定工作熟练有关的行为[①]。

不论是从行为角度来界定绩效，还是从结果角度来定义绩效，两者都有各自的优点和局限性。以行为为导向的绩效观，其优点在于能及时获得个人活动的信息并对员工进行针对性指导和帮助。缺点在于过度强调按部就班、忽视实际的工作成果、创新工作者畏手畏脚难以安心工作。而以结果为导向的绩效观，其优点表现为：鼓励组织成员高度重视结果，在组织中营造以结果为导向的组织文化与氛围；组织成员通常以胜负成败论英雄，员工成就感强。缺点为：忽视过程，并且在结果尘埃落定前，很难区分行为是否正当；当出现负责人不能控制外界因素时，评价失效；无法获得个人过程信息，不能进行针对性调整，指导和帮助；易产生短视行为，导致组织过度关注短期结果。

随着管理学研究的深入和发展，有学者认为把绩效单纯地看成工作结果或者工作行为都有失偏颇。他们认为绩效在工作计划中产生，在工作过程中体现，在工作结果中形成。应该将两者结合起来，而不应该对立割裂开来。目前，绩效既包括行为又包括结果的观点被越来越多的学者提出，并逐渐获得广泛认可，它不仅更好地诠释实际现象，而且一个相对综合的界定使绩效容易为各行业各组织所接受。英国学者理查德·威廉姆斯认为，绩效的广义定义包括工作产出和行为[②]。国内学者石金涛在《绩效管理》一书中指出，绩效是有效活动及其结果的统一[③]。徐倩指出，绩效包括工作行为、工作方式以及工作结果[④]。厦门大学卓越教授认为，绩效是从行为、方式、结果三个维度对组织人员履行的职责进行全面评价。学者方振邦认为，绩效是经过评价的工作行为、表现及其结果[⑤]。本研究支持绩效既包括行为又包括结果的观点。体育教师培训的绩效不仅仅停留在培训这一行为，还要包括体育教师在经过培训以后，把培训所学的知识转化为自己的知识体系，并在教学实际工作中，产生一些行为的改变，而这些工作行为不仅会对教师自身产生影响，而且会对同事、学生、学校产生一定的影响。

①Borman W C，Motowidlo S J.Task performance and contextual performance：The meaning for personnel selection researcher［J］. Human Performance，1997（10）：99-109.

②理查德·威廉姆斯. 组织绩效管理［M］. 北京：清华大学出版社，2002：13.

③石金涛. 绩效管理［M］. 北京：北京师范大学出版社，2007：4.

④徐倩. 绩效评价［M］. 北京：中国标准出版社，2008：2.

⑤方振邦. 战略性绩效管理［M］. 北京：中国人民大学出版社，2008：27-29.

四、评价、评估、考评

在我国文字记载中，“评价”一词最早出现在北宋时期的《宋史·戚同文传》里“市物不评价，市人知而不欺”。这篇传记中的“评价”是议论货物的价格、讨价还价的意思。在2009年出版的《辞海》中对“评价”的释义是：1）议论价格；2）评定事物或者人的价值。评价最初的意思从字面上就可以理解，是依据一定的标准，对事物的价格进行判定。现在往往用其第二种释义，根据一定的标准，对事物或者人进行某种程度的判断。

“评估”在《辞海》中的释义是评价、估量、测算。“评估”一词包含“评价”的意思。可见在一定的语境范围内，评价与评估可以相互替代。绩效评价是指对事物的结果进行价值判断；绩效评估亦指对事物最终的结果进行价值的判定。因此，有部分学者认为绩效评价与绩效评估在意思上并没有本质的区别。但是大部分研究者认为它既有评价的意思，也有估计、估量的意思，即在评价的基础上再对事情的未来发展趋势进行预测。

考评，指考核评定，多指上级主管部门或投资者依照一定的标准，采用相应的方法，对经营管理者的业绩进行考核评定，以考核评定的级别作为经营管理者获得薪金报酬、职务晋升的依据。关于本研究是选择体育教师培训绩效评价还是评估或考评的问题上，笔者认为，研究主题是基于一定的理论和评价模型，建立评价体系对体育教师培训绩效进行某种程度的判断，而不是对体育教师培训做一个未来发展趋势的预测。另外，国家对体育培训绩效没有颁布一个明确的评定标准，同时，行业内部也没有制定一个评价标准。既然连标准都没有，就不存在考评一说。所以本研究确定为“评价”一词。

五、培训绩效评价

从培训绩效评价的发展历程分析，它经过了几个阶段。第一阶段，评价关注的是受训者对培训的反应，其中以满意度为主，而这样的反应往往带有很强的主观性和随意性；第二阶段，在培训评价中使用了一些实验研究的方法。但是由于客观条件的限制，评价在运用这些方法时遇到了很大的操作性困难，从而使评价工作受困；第三阶段，基于现实条件，将新的研究方法用于培训评价，使培训评价的操作性和可行性得到很大提高；第四阶段，认识到培训绩效评价是一个长期过程，所以评价的重点从单纯的培训完即刻评价转向追踪评价[①]。

人们对于培训绩效评价的关注，始于意识到绩效评价的重要意义。培训绩效评价的意义主要体现在以下几个方面：1）通过绩效评价可以让管理者以及其他人员相信培训工作是有价值和值得开展的。如果组织者不能展示出让人信服的证据来表明培训的作用，那么未来举行培训时，培训经费预算无疑会被裁减，甚至培训会被取消。2）通过绩效评价可以有效判断培训的最终结果与培训预定目标的契合度，以及发现培训存在的优缺点，从而进一步调整。3）区分出参加培训收获最大或最小的教师，为未来受训人设定培训目标或者为培训人选设定合适的条件，提高培训的效益，并且为后面的培训积累有利的资料。

培训绩效评价是为培训绩效管理服务的，是培训绩效管理的关键组成部分。培训绩效管理是为了达成培训的目标，通过持续开放的沟通过程，实现培训所预期的结果，并推动个人做出有利于目标达成的行为。只有对绩效进行客观评价，教师行业内外才能做到对教师培训情况了然于心，并通过评价所反映出的问题有针对性地改进教师的培训，最终实现培训管理的目标。曾经有多位学者对绩效评价的内涵进行了研究，其中有代表性的如表0-1所示。

表0-1　绩效评价的观点

学者	时间	观点
泰勒	1953	将受训者的表现与组织要求的行为目标相比较的过程，即评价受训者在培训完成后的行为改变情况
凯利	1958	可以判断一个人工作贡献的价值、工作的品质和数量、未来发展的趋势以及为达到目标所需要的帮助
斯达夫彼姆	1966	对培训方案的确定、获取以及提供资料，作为决策参考的过程，其主要目的在于改善培训现状
海布林	1974	对方案评价资料收集的过程，并将分析总结出的影响培训的各种因素反馈到相关部门
戈尔斯坦	1986	培训绩效评价是针对特定的培训计划，有针对性、系统地收集资料，并给予适当的评价，作为甄别与选择的参考，采用或修改教育培训计划等决策判断的基础

①徐芳. 培训与开发理论及技术［M］. 上海：复旦大学出版社，2005：263.

（续表）

学者	时间	观点
克里格尔	1987	培训绩效评价可以确定培训是否值得，指出需要改进的地方，审核目标实现的情况，决定培训是否继续存在，找出更好的训练方法并建立未来的培训指导方针
菲利普斯	1991	培训绩效评价是一个系统性的过程，用来判定培训方案的意义及价值，并对培训方案的未来使用情况作出决策
罗宾斯	2008	对员工进行绩效评价有利于形成客观公正的人事决策

结合前面对有关概念的分析，以及诸位学者的研究，本研究认为“体育教师培训绩效评价”概念应该包括三方面内容：1）体育教师培训绩效评价的本质在于价值判断。2）明确体育教师培训绩效评价的对象范围，强调其评价的对象不仅包括培训后即刻的绩效，而且包括培训后一段时间内的绩效。即评价对象不仅包括受训体育教师对培训的反应，而且包括培训所引起受训体育教师行为及其产生的结果。3）对绩效评价进行定性和定量相结合的评价方式。本研究将体育教师培训绩效评价定义为：以改进与提高培训绩效为目的，按照一定的价值标准，针对体育教师培训后即刻和培训后一段时间内的效果进行描述性和评判性信息的收集，采用一定的方法评价培训的结果。

第三节　国内外文献研究分析

一、绩效评价

（一）国内研究

绩效评价的理念自20世纪90年代初引入我国，最初的目的是对国有企业的资源进行优化配置，但随着绩效评价在实际中表现出来的提高企业工作效率、改进工作环节等优点，其在企业管理中的作用不断显现，研究者们逐渐关注以绩效评价为主题的相关研究，研究成果体现在以下几方面。

1. 绩效评价的理论研究

进行绩效评价的基本理论研究是绩效评价研究中最早受到关注的一个研究

板块，从20世纪90年代初就开始研究，特别是到了21世纪初，我国学者对绩效评价理论进行了大量的研究，如张涛和文新三编写的《企业绩效评价研究》[①]，财政部统计评价司编写的《企业效绩评价工作指南》[②]、李玲玲编写的《企业业绩评价——方法与运用》[③]，这时的研究主要借鉴西方经验。刘笑霞在其博士论文中指出，关于我国政府绩效评价的研究与西方的研究存在较大差异，我国相关评价在实际运用时，缺少成熟理论的指导，导致无论是评价组织方对评价影响的因素，还是评价主体对评价作用、意义、责任认识都有不同的理解偏差，所以造成评价结果的不信服性，以及对评价结果的盲目性[④]。周守华对西方国有企业的绩效评价理论进行梳理后，发现由于企业所有者代表的利益不同，导致绩效评价的着眼点有着较大的差别，因此提出绩效评价研究在借鉴西方绩效评价先进理论的同时，还要进行本土化修正[⑤]。刘江峰等指出，企业绩效评价的理论会带有制度的烙印，西方产生的绩效评价理论的背景与我国不同，所以我国对企业绩效评价的理论与具体操作方法一定要有自己制度的特色[⑥]。

随着对绩效评价一般理论研究的深入，出现了一个趋势，就是针对某一具体事物的绩效评价，将绩效评价的一般理论与所要具体评价的绩效事物的有关特点相结合，产生对应的绩效评价理论。张蕊以公共财政理论、公共价值为基础的政府绩效治理理论作为绩效评价理论，展开对县级政府转移支付绩效评价的研究[⑦]。林春以市场失灵与国家干预理论、系统论理论、准公共产品理论、委托代理理论、公共选择理论、政策评估理论六个方面阐述绩效评价的理论基础，并在此基础上展开了对国内政策性金融机构绩效评价体系的构建[⑧]。

从研究的发展轨迹上看，我国最初是直接照搬国外的绩效评价理论，并且专注于企业领域，随着研究的深入及学者们研究思想的成熟，逐渐意识到西方绩效评价理论是为其统治阶级服务的，由于代表利益的不同，国内的绩效评价理论在吸收西方理论精华的同时，要与我国的国情相结合，研制本土化绩效评价理

①张涛，文新三. 企业绩效评价研究［M］. 北京：经济科学出版社，2002：1-384.

②财政部统计评价司. 企业效绩评价工作指南［M］. 北京：经济科学出版社，2002：1-408.

③李玲玲. 企业业绩评价——方法与运用［M］. 北京：清华大学出版社，2004：1-246.

④刘笑霞. 政府绩效评价理论框架之构建［D］. 厦门：厦门大学，2008.

⑤周守华. 国有企业绩效评价与经营者激励问题研究［D］. 大连：东北财经大学，2000.

⑥刘江峰，夏云. 企业绩效评价的理论与方法综述［J］. 企业经济，2005（6）：88-89.

⑦张蕊. 职能转变背景下县级政府转移支付绩效评价——以甘肃省县级政府为例［D］. 兰州：兰州大学，2016.

⑧林春. 中国政策性金融机构绩效评价体系研究［D］. 沈阳：辽宁大学，2017.

论。并且随着绩效评价被运用到多个领域，评价客体出现多元化，要将绩效评价的普世理论与评价客体的特点相结合，产生与评价客体更为贴切的评价理论。

2. 绩效评价模型研究

早在2000年，雷良海和郭迎华就通过文献法和逻辑分析法建立了涵盖资产运营效益、资产质量、偿债能力、发展能力和社会贡献五个层次的国有资产经营绩效评价模型①。陈力借助逻辑分析法将情境学习的绩效分为学习态度、学习依据、思维发展、学习成果、学习反馈、行为养成五个方面，构建了情境学习绩效评价模型②。路变玲认为团队对组织的贡献包括团队整体对组织的贡献，也包括团队成员个体对组织的贡献，且两者相互影响，所以团队的绩效要包括团队个体和整体两个方面，并且要协调好它们的权重。在此基础上，借助结构方程中协方差矩阵来协调处理两者的关系，研制出基于结构方程模型的绩效评价模型③。李锋等为了促进科研的长远发展和科研政策的制定，通过逻辑分析法，将科研业绩分为科研项目、成果奖励、论文著作、科技成果专利四个维度，构建了科研绩效评价模型④。罗彪等在分析流程分类的基础上，以顾客需求为导向，建立了外部顾客需求为核心的整体绩效评价和内部顾客需求的子流程绩效评价两个维度的流程绩效评价模型⑤。左辞波从四个层面（财务、外部知识相关者、内部流程、学习与发展）的平衡计分卡、投入和产出三个维度构建了三维立体绩效评价模型⑥。李科为了对行业协会绩效进行评价，根据中国社会转型时期行业协会的五个基本特征，以客户（clients）、创造价值的业务运作（operations）、财力与物质资源（resources）、参与者（participants）、创造与提供的服务（services）建立了“CORPS”模型⑦。刘宗鑫等研究对创新人才培训进行绩效评价，根据云理论求出不同状态的云重心位置，利用投影寻踪在数据处理方面的优点，结合有序样本聚类法对其进行改进，构建了云集成模型⑧。

①雷良海，郭迎华. 国有资产经营绩效评价模型及应用研究［J］. 上海理工大学学报，2000（2）：126–131.

②陈力. 基于神经网络的情境学习绩效评价模型研究［J］. 学术交流，2008（11）：37–41.

③路变玲，黄国青，闫博华. 基于结构方程模型的研发团队绩效评价［J］. 科技管理研究，2008（7）：315–317.

④李锋，葛世伦，尹洁. 高校科研绩效评价模型研究［J］. 科技管理研究，2009（7）：271–272.

⑤罗彪，王琼. 面向过程控制的流程绩效评价模型及其应用［J］. 经济管理，2010（6）：58–163.

⑥左辞波. 企业知识管理三维立体绩效评价模型分析［J］. 人口与经济，2012（4）：153–154.

⑦李科. 行业协会绩效评价研究［M］. 武汉：武汉大学出版社，2013：101.

⑧刘宗鑫，李晓峰. 创新人才培养绩效云集成评价模型［J］. 统计与决策，2017（4）：53–56.

从我国学者对绩效评价模型的研究可以看出，大多数是根据文献查阅、经验推导来构建绩效评价模型，还有少部分是通过数学理论模型，采用大量问卷获得数据，从最低层的指标由下至上聚类出绩效评价模型。

3. 绩效评价指标体系研究

指标体系对于绩效评价而言，是绩效评价的具体化。李元元等对高等学校教师绩效评价指标的研究，以发展性评价理论为基础，通过逻辑思辨分析得出从师德、教学、科研、社会服务四个方面进行绩效评价，然后在教学指标下面设立教学工作量、教学质量、教学效果、教学成果、教材和教法贡献，在科研下设论文发表、论文收录、科研项目、科研成果奖励、专著、专利，在社会服务指标下设院系层面服务、学校层面服务、社会层面服务[①]。韦伟等通过文献分析法预选出有资源利用和效益两个一级指标，资金投入、场地设施等7个二级指标和38个三级指标的指标集，然后通过特尔菲法和主成分分析法确立指标，再利用特尔菲法中的专家打分确立权重，最后通过收集各省的公共体育服务的相关数据，建立评价标准体系[②]。刘华海借鉴其他学者对科研项目绩效的理论分析所得出的绩效包括科技项目基础、科技项目水平、科技项目效果、科技项目特色四个部分的观点，以此为一级指标，通过作者本人的逻辑推演，在此评价模型的基础上建立了21个二级指标。然后综合运用层次分析法和专家评判法，确立各级指标的权重[③]。宋颖达等在通过文献资料法确立各个评价指标后，运用灰色关联度理论，结合熵值法，借助Mathematical 和Excel软件设计出高等院校体育教师绩效的指标权重[④]。周兴生等为了构建校园足球绩效评价体系，先通过对文献的梳理，运用逻辑分析法归纳出从管理体系、人事体系、效益体系、比赛运行体系、安全体系、观念体系6个维度进行评价，并在此基础上初步构建指标体系，然后运用特尔菲法构建出6个一级指标23个二级指标，以及49个三级指标，最后用层次分析法构建出指标的权重[⑤]。

---

①李元元，王光彦，邱学青，等. 高等学校教师绩效评价指标研究［J］. 高等教育研究，2007（7）：59-65.

②韦伟，王家宏. 我国公共体育服务绩效评价体系构建及实证研究［J］. 体育科学，2015（7）：35-48.

③刘华海. 科研项目绩效评价模型和指标体系的构建［J］. 科研管理，2016（4）：20-26.

④宋颖达，刘建国. 灰色评价模型在高校体育教师绩效评价体系中的应用［J］. 南昌大学学报：理工版，2016（6）：553-557.

⑤周兴生，谭嘉辉. 我国校园足球绩效评价指标体系及构建［J］. 西安体育学院学报，2017（3）：300-308.

从对绩效评价指标的研究上发现，我国在绩效评价指标的确立上，形成了“前期经验归纳预设指标—经验预选指标—指标体系确立—确立权重”的指标体系构建过程的操作顺序。在指标的确立上，主要有两种方式：一种是采用文献分析和逻辑思辨的方式；另一种是采用统计分析方法，进行主成分分析，或者因子分析，抑或是聚类分析，通过聚类或者是降维，再由研究者进一步提炼指标。但从确立的指标上分析，都很难避免有一些指标重叠的现象。在指标权重的确立上普遍采用的方式是层次分析法和特尔菲法，少数采取模糊数学方法，如模糊综合分析、模糊模式识别。

4. 绩效评价实证研究

根据查阅的文献资料显示，我国最早将设计出的评价指标体系运用到实践中的是王柏轩和宋化民，他们用构建的绩效评价体系评价前一年与当年的绩效，通过对比评判当年绩效①。随着学术界强调理论与实践相结合，学者们也逐渐加强将所构建的绩效体系用于实践进行验证或实证，2008年可以看成绩效评价验证研究或者实证研究的一个时间节点。

2008年之前验证或者实证研究相对较少，且研究领域较单一，主要集中在经济领域方面。刘军琦等将根据多目标决策分析理论所构建的财务绩效评价体系，用于对四家知名上市企业1997—1999年的财务进行绩效评价，得出所构建的绩效评价体系的评价结果与企业界认可的每股收益率的评价结果具有一致性②。梅国平综合分析了收益率、夏普指数、特雷诺指数、詹森指数、估计比率在评价中的优缺点，并选取这五个指标作为评价指标，用复相关系数法确定五个指标的权重，将确定的综合绩效评价体系用于对20种基金的绩效评价③。张冬丽和邵冬将构建的以财务绩效、核心能力、发展能力组成三元次绩效评价体系用于多家企业的绩效评价，并将绩效评价的结果与现行的评价体系进行对比，总结出所设计的绩效评价体系具有科学性、适用性、全面性、动态性的特点④。李维安等以“激励约束”评价为出发点，以人事任免、保障制度执行和激励约束机制为一级指标构建了17个二级指标，用标志变异系数法赋值权重，并对931家上

①王柏轩，宋化民. 高新技术企业绩效评价及实证研究［J］. 科技进步与对策，1999（2）：58-59.

②刘军琦，孙璐，刘兵. 利用TOPSIS法评价企业财务绩效：原理与实证分析［J］. 四川大学学报：哲学社会科学版，2001（3）：42-46.

③梅国平. 投资组合绩效评价的实证研究［J］. 当代财经，2003（10）：48-50.

④张冬丽，邵冬. 三元层次绩效评价模型及其实证研究［J］. 科技进步与对策，2005（2）：69-70.

市公司进行了经理层治理状况实证研究[①]。

2008年之后绩效评价实证研究领域逐渐扩大，由原来集中在经济领域扩展到高校、体育、政府公共等领域。在高校领域，郎永杰等在投入与产出的框架结构下，建构了11个二级指标，在设置各指标权重后，将绩效评价体系用于对地方高校科研绩效评价进行实证研究[②]；张维冲等则是将研制出的绩效评价体系用于国内颇有代表性的10所高校和5所科研院所进行实证研究[③]。在体育领域，张莹等用Malmquist生产力指数模型对国内27家体育产业公司2007—2014年7年间的绩效进行评价，并根据实证结果，提出了改进与提高体育产业上市公司的经营绩效的策略和具体措施[④]；闫士展等构建了政策绩效评价指标体系，运用这个评价体系对中学"学校体育设施对外开放"政策进行绩效评价，评价等级为中[⑤]。在政府公共领域，许珂和卢海采用DEA分析法设计了绩效评价体系，对江苏13个市级地方政府财政支出的综合效率进行了分析[⑥]；郑方辉和卢扬帆以设计的绩效评价体系于2012年对全国31个省级政府和39个国务院部门进行实证考察[⑦]。

在实证研究方面，主要是在2008年以后开始重视，同样与绩效评价理论表现出相同的特点：始于企业经济。随后各个领域的研究者将实证引入各自的领域，用理论来指导实践，再从实践中完善理论。

5. 绩效评价的应用范围研究

国内对绩效评价的应用范围从最初的企业经济领域逐渐扩展至政治、经济、文化、教育等领域。关于教育类绩效评价的研究，从学校角度而言，涉及

①李维安，张国萍. 公司治理评价指数：解析中国公司治理现状与走势［J］. 经济理论与经济管理，2005（9）：58-64.

②郎永杰，贾锁堂，吴文清. 地方大学学科研绩效评价实证研究［J］. 科学技术哲学研究，2009（6）：108-113.

③张维冲，袁军鹏. 我国研究生科研绩效评价实证研究——以情报学机构为例［J］. 情报科学，2016（9）：105-110.

④张莹，陈颇. 中国体育产业上市公司的绩效评价及影响因素——基于面板数据的DEA-Tobit实证研究［J］. 武汉体育学院学报，2016（12）：34-42.

⑤闫士展，孙庆祝，马德森."学校体育设施对外开放"政策绩效评价指标体系构建与实证研究［J］. 北京体育大学学报，2014（4）：21-27.

⑥许珂，卢海. 江苏市级地方政府财政支出绩效评价实证分析——基于DEA分析法［J］. 浙江金融，2014（4）：71-74.

⑦郑方辉，卢扬帆.《政府信息公开条例》绩效评价体系及其实证研究［J］. 北京行政学院学报，2014（6）：15-21.

中小学学校、高职院校、高等学校绩效评价；从具体的绩效评价方向而言，涉及投入与产出；从教育所设门类而言，涉及语文、英语、数学、体育。其中在体育领域中的绩效评价涉及体育赛事、体育用品、校园足球、体育从业者工作等方面，但最主要的还是对体育服务的绩效评价。唐立成等对公共体育场馆服务管理的绩效研究指出，评价体系内容要涉及评价目标、评价指标、评价权重、评价操作方法等①。吴卅对政府购买公共体育服务绩效评价展开了调查，指出了评价指标内容缺失、绩效评价操作程序混乱等问题②。对公共体育服务绩效评价进行研究的还有陈琦③、韦伟④、宋娜梅⑤、耿宝权⑥等研究者，他们从不同的视角展开了对体育服务的绩效研究。

从应用的角度而言，各行业都重视引入绩效评价，其中包括教育行业及其各个专业，根据各专业特点，制定绩效评价的指标体系、权重、评价标准。表现在体育专业中，主要集中在体育服务方面。

（二）国外研究

绩效评价源自西方企业对管理的重视。现代公司制度诞生后，公司为了有效地控制企业内部和促进公司的利益最大化，提出了真正意义上的绩效评价⑦。通过对文献资料的梳理，发现国外对绩效评价的研究主要集中在四个板块：绩效评价模型、绩效评价方法、绩效评价体系以及绩效评价应用范围。

1. 绩效评价模型

西方学者对绩效评价的研究主要体现在两个方面：企业经营绩效评价、组织员工培训绩效评价。

①唐立成，唐立慧，王笛. 我国公共体育场馆服务管理绩效评估模式与对策研究［J］. 北京体育大学学报，2010（1）：24-27.

②吴卅. 政府购买公共体育服务绩效评估现状——基于上海市和常州市经验［J］. 北京体育大学学报，2017（3）：11-16.

③陈琦，岳冀阳. 体育公共服务评价内容理论模型的建构［J］. 体育学刊，2016（2）：18-21.

④韦伟，王家宏. 我国公共体育服务绩效评价体系构建及实证研究［J］. 体育科学，2015（7）：35-47.

⑤宋娜梅，罗彦平，郑丽. 体育公共服务绩效评价：指标体系构建与评分计算方法［J］. 体育与科学，2012（5）：30-34.

⑥耿宝权. 基于平衡计分卡的大型体育场馆运营绩效评价研究［J］. 北京体育大学学报，2012（12）：1-6.

⑦黄伟宏. TP公司绩效管理体系设计研究［D］. 成都：西南交通大学，2007.

在企业经营绩效评价上，评价模型分为结构式框架评价模型（解释绩效评价的维度）和程序式框架评价模型（从战略的视域说明发展绩效评价的渐进式过程）两个大类，而学者们更多关注的是对结构式框架评价模型的研究。尽管企业经营绩效评价的使用范围不断拓展，但由于绩效评价的着眼点不同，导致结构式框架和程序式框架的研究仍然按照各自的研究范式发展，缺乏彼此的相互整合，尚未研究出一个被业界认可的绩效评价框架。主要的企业经营绩效评价模型如表0-2所示。

表0-2 主要的企业经营绩效评价模型（框架）

提出者	框架
Keegan et al（基冈等）	提出绩效评价矩阵（研究内部的、外部的；成本的、非成本的绩效评价）①
Lockamy et al（卢凯米等）	从供应链的角度提出了从四个维度——计划、来源、制造、交付进行绩效评价②
Lynch、Cross（林奇、克罗斯）	提出将组织整体战略与财务信息、市场满意程度结合起来的业绩金字塔模型③
Kaplan、Norton（卡普兰、诺顿）	财务、客户、内部业务、创新和学习四个维度的“平衡计分卡”评价模型④
Borman et al（鲍曼等）	输入、流程、输出、效果的绩效评价框架⑤
Neely（尼利）	绩效三棱镜模型：由两个底面（客户满意度和客户贡献率）、三个侧面（战略、流程和能力）构成⑥

①Keegan D P，Eiler R G，Jones C R. Are your performance measures obsolete［J］. Management accounting，1989（6），45-50.

②Archie Lockamy III，Kevin M.Linking SCOR planning practices to supply chain performance［J］. International Journal of Operations & Production Management. 2004（24）：1192-1218.

③Lynch R，Cross K. Measure up-the essential guide to measuring business performance［M］. London：Mandarin，1991：162-212.

④Kaplan R S，Norton D P. The Balanced Scorecard-Measures that Drive Performance［J］. Havard Bus-siness Review，1992（1）：71-79.

⑤Borman W C，Motowidlo S J. Expanding the criterion to include elements of contextual performance［M］. San Francisco：Josey Bass，1993：71-98.

⑥Neely A. The performance Measurement and Revolution：Why now and what next［J］. International Journal of Operation and Production Management，1999（2）：205-228.

（续表）

提出者	框架
Yeniyurt（叶尼尤尔特）	企业绩效评价框架为：财务、客户、内部流程、创新和共同文化①
Chenhall et al（陈霍尔等）	四尺度绩效评价框架，从四个维度评价：质量、作业时间、资源利用和人力资源②

西方研究者也注重对组织员工培训的绩效评价，柯克帕特里克、汉姆布林、考夫曼等学者从各自不同的观点提出了组织员工培训绩效评价模型，其中有代表性的如表0-3所示。

表0-3 组织员工培训绩效评价模型（框架）

提出者	框架
Kirkpatrick（柯克帕特里克）	四个维度：受训者反应、学习、工作行为、经营业绩③
Hamblin（汉姆布林）	五个维度：反应、学习、工作行为、执行和组织目标④
Kaufman、Keller（考夫曼、凯勒）	五个维度：反应、学习、应用、组织产出、社会贡献⑤
Holton（霍尔顿）	三个维度：学习、个体绩效、组织结果⑥
Phillips（菲利普斯）	五个维度：反应和行动改进计划、学习、学习成果在工作中的应用、经营业绩、投资回报⑦

①Yeniyurt. Does culture explain acceptance of new products in a country? –An empirical investigation［J］. International Marketing Review，2003，20（4）：377-396.

②Chenhall R，Langfield Smith K. Factors influencing the role of management accounting in the development of performance measures within organization change programs［J］. Management Accounting Research，1998（9）：361-386.

③Kirkpatrick D L.Techniques for Evaluating Training Programs［J］. Journal of American Society for Training and Development，1959（13）：2-21.

④Hamblin A C.The Evaluation and Control of Training［M］. New York：McGraw-Hill，1974：13-30.

⑤Kaufman R，Keller J M.Levers of evaluation：Beyond Kirkpatrick［J］. Human Resource Development Quarterly，1995（4）：305- 380.

⑥Holton Elwood F.The flawed four-level evaluation model［J］. Human Resource Development Quarterly，1996（7）：5-21.

⑦Phillips. Handbook of training evaluation and measurement methods［M］. Houston：Texas Gulf Publishing Company，1997，6（4）：385-392.

西方的绩效评价模型，由于研究时间较早，经过不同研究者的共同努力，绩效评价模型具有不同的维度，同时，对于同一事物的评价模型，后续研究者结合当时出现的新理论，不断丰富完善前人的评价模型，使评价模型更为成熟。

2. 绩效评价方法

蔡炯对国外评价方法的研究主要体现在两个方面：一方面，是对绩效评价方法的研究和创新，绩效评价方法分为系统评价方法和基本评价方法两个大类①。弗兰克等于20世纪初提出了现代绩效评价中最早的评价方法——标准成本法，指出企业应对成本进行事先预算，从而以主动控制成本替代以往的事后被动控制成本②。同时期，化工企业杜邦公司从财务的角度，构建了财务分析体系，指出公司根据财务分析公司绩效有助于财务决策③。1928年，亚历山大·沃尔提出"沃尔权重法"，从财务的角度选择了七个指标，赋予它们各自的权重，然后对实际比率与标准比率进行比较，分别得出七个指标的得分④。20世纪50年代，克莱夫·伊曼纽尔和大卫·奥特利提出"权变绩效计量"体系，同时提出了定性评价和定量评价相结合的综合评价体系。有研究者提出MBO法，即通过企业目标管理来评价绩效⑤。在其理念影响下，经过大量的企业管理者和绩效领域研究者的努力，企业界提出了KPI法即关键绩效指标法，通过建立关键绩效指标体系对绩效进行评价⑥。1978年，查尼斯、库珀共同在相对效率概念的基础上提出了"数据包络分析方法（DEA）"，将各投入指标和产出指标的权重当成变量，综合分析投入和产出信息⑦。20世纪80年代末期，Stern

①蔡炯. 北京市国有林场绩效评价研究［D］. 北京：北京林业大学，2013.

②Frank B C，Frederick W，Taylor. Father of Scientific Management［M］. New York：Harper and Brothers，1923：172.

③Ittner C D，Larcker D F，Randall T. Performance implications of strategic performance measurement in financial services firms［J］. Accounting，Organizations and Society，2003（28）：715-741.

④Alexander W，Duning Raymond W. Ratio Analysis of Financial Statements：An explanation of a method of analyzing financial statements by the use of ratios［M］. New York：Harper & Brothers，1928：116-128.

⑤Greenwood，Ronald G. Management by Objectives：As Developed by Peter Drucker，Assisted by Harold Smiddy［J］. Academy of Management Review，1981（2）：62-72.

⑥Parmenter D.Key Performance Indicators（KPI）：Developing，Implementing，and Using Winnin KPIs［M］. NewYork：Wiley，2015：53-78.

⑦Charnes A，Cooper R E.Measuring the efficiency of decision making unit［J］. European Journal of Operational Research，1978（5）：429-444.

Stewart公司提出“附加经济值法（EVA）”，即以企业净利润与资本费用之间的差额评价企业绩效①。不久，卡普兰和诺顿提出“平衡计分卡法（BSC）”，从财务和非财务方面对公司进行绩效评价②。另外，还有AHP法、模糊综合绩效评价法，以及由英特尔公司首先提出的全方位评价，即360度绩效评价。另一方面，是研究选择评价方法的理念。有研究者指出评价方法的选择应该以“定量”和“顾客为导向”为根本原则③。

3. 绩效评价体系

20世纪50年代，美国知名管理学家德鲁克认为企业绩效的评价指标应包括市场地位、创新、生产效率、实物资源和财务资源、获利、领导者绩效、员工绩效、社会效益④。目前，具有代表性的绩效评价体系主要有三种：平衡计分卡体系，米多尔和斯蒂普尔的绩效评价体系、商业流程再造体系。

平衡计分卡绩效评价体系是在促进企业战略性发展的基础上构建的，它有四个一级指标：财务、客户、内部业务、创新和学习⑤。财务从股东角度出发，关注企业增长、创造的利润和风险。客户从顾客角度出发，关注企业创造的价值和产品的差异化。内部业务关注企业内部流程是否满足客户和股东需求。创新和学习关注企业的革新变化。财务下设指标包括资本回报率、现金流、项目盈利能力、盈利预测的可靠性、销售积压。客户下设指标包括客户满意程度、新客户争取率、客户获利率、客户延续率、关键客户。内部业务下设指标包括工作成功率、返工率、安全事故指数、项目交付周期、项目性能指标。创新和学习下设指标包括员工的满意度、改进率、培训、技术、每个员工的收入等。平衡计分卡绩效评价体系建立在企业战略角度和客观评价方法的基础上，它追求的评价是客观的、标准的、目标性的和主动的，并且事先没有确定的评价方法，而是根据体系运行过程中的需求确定评价方法。1997年，阿特斯金森对平

---

①Chen S，Dodd J L.Economic Value Added（EVA™）：An Empirical Examination Of A New Corporate Performance Measure［J］. Journal of Managerial Issues，1997（9）：318-333.

②Kaplan R S，Norton D P. The Balanced Scorecard-Measures that Drive Performance［J］. Havard Bussiness Review，1992（1）：71-79.

③Stalk J G，Hout T M. How time based management measures performance［J］. Strategy & Leadership，1990（6）：26-38.

④彼得·德鲁克. 公司绩效测评［M］. 北京：中国人民大学出版社，1999：142-168.

⑤Kaplan R，Norton D.Putting the balanced scorecard to work［J］. Harvard Business Review，1993（5）：134- 147.

衡计分卡绩效评价体系进行改进，加入了“利益相关者”指标，提出要从企业利益相关者方面考虑绩效评价①。

米多尔和斯蒂普尔从制造业战略的视角提出绩效评价体系设计应包括六个步骤：1）确定组织的战略和包括客户需求在内的组织整体战略需求；2）组织战略需求与组织竞争优先原则相适应；3）对现有的评价方法进行甄别；4）选定一个最优方法；5）实施选定的评价方法（8个步骤）；6）定期的反思，对组织的绩效评价体系进行定期的检查，进行及时修正②。

布拉德利等根据AMBITE绩效评价立方体框架，提出了专门从事商业流程再造研究的绩效评价体系③。它是将AMBITE绩效评价立方体框架的三个轴——商业流程、竞争优先原则、制造环境作为一级指标，分别在商业流程下设顾客订单实行、卖方管理、制造、协同设计、统合作业等指标；在竞争优先原则下设时间、质量、成本、弹性、环境等指标；在制造环境下设库存生产、按订单装配、按订单制造、按订单设计等指标。

随着市场竞争越来越激烈，企业界提出了绩效评价的权变理论。该理论指出，在实际竞争中没有普适的管理原则，企业为了立足于不败之地，只有及时对外部环境的变化作出应对。卡普兰根据权变理论构建了由17项指标构成的“权变业绩计量”体系④。

总体来讲，各个绩效评价体系各有优缺点，其中平衡计分卡的应用度更广一些。

4. 绩效评价应用范围

绩效评价起源于企业管理，主要用于评价组织或者个人的绩效水平，达到加强企业管理、促进利益最大化的目的。但随着绩效评价作用的显现，绩效评价的应用领域扩大，形成了跨组织和多领域的应用形势。

①Atkinson A A, Waterhouse J H, Wells R B.Stakeholder Approach to Strategic Performance Measurement［J］. Sloan Management Review, 1997（3）: 25-37.

②Medor I D, Steeple D.A framework for auditing and enhancing performance measurement systems［J］. International Journal of Operations and Production Management, 2000（5）: 520-533.

③Bradley P, Browne J, Jackson S, ea al. Business Process Re-engineering（BPR）- A Study of the Software Tools Currently Available［J］. Computers in Industry, 1995（3）: 1-21.

④Kaplan R S. Devisinga Balanced Scorecard Method to business strategy［J］. Planning Review, 1994, 70（1）: 71-79.

西方学者在绩效评价的跨组织研究中，比较关注供应链绩效评价。福西特等首先提出评价体系应改变以往着眼于单一组织的模式，而应该将视野扩大到供应链的上游和下游，加强新产品开发、产品质量、企业环境等领域的绩效评价①。克莱因和斯密特提出，通过平衡计分卡来消除存在于供应链内部的沟通和协调过程中的障碍②。浩克提出一个供应链评价体系的框架，并强调由于供应链的工作形式和战略的变化，评价体系中的内容应该有所区别，供应链的绩效评价体系必须适应不同的需求，不存在一种统一的方法③。

绩效评价的多领域体现在改变了以往仅仅存在于单一的企业经济领域，应用范围扩大到其他多个专业领域，其中包括教育系统。菲盖拉·爱德华多和阿尔维斯·马尔塔以斯塔费尔比姆、柯克帕特里克、古斯基等提出的评价培训模型为框架，构建出一种可靠、可归纳、可行的评价体系，用以评估教师继续教育的影响④。卢卡斯等在研究中以层次分析法为评价模型构建指标体系，对教师进行信息技术培训绩效评价⑤。马姆·尤索夫等采用柯克帕特里克评价模型，以知识、技能、态度评价在职教师培训的绩效⑥。达里尔·西登特普等则以教师行为的改变来评价培训绩效⑦⑧。维加马科特等人则从受训教师的持续发展能力来评价培训绩效⑨。

---

①福西特，埃尔拉姆，奥格登. 供应链管理——从理论到实践［M］. 蔡临宁，邵立夫，译. 北京：清华大学出版社，2009：236-242.

②Kleijnen J，Smits M.Performance metrics in supply chain management［J］. Journal of the Operational Research Society，2003（5）：507-514.

③Hoek R I V. “Measuring the unmeasureable” -measuring and improving performance in the supply chain［J］. Supply Chain Management，1998（4）：187-192.

④Figueira E，Alves M.The Impact of teacher’s in-service training：contributions to an evaluation model［C］. Spain：ICERI Proceedings，2017：949-953.

⑤Lucas R I，Promentilla M，Ubando A.An AHP-based evaluation method for teacher training workshop on information and communication technology［J］. Evaluation & Program Planning，2017（63）：93-98.

⑥Yusoff M，Ahmad J，Mansor A.Evaluation of School Based Assessment Teacher Training Programme［J］. Creative Education，2016（4）：627-638.

⑦Daryl S.Behavior Analysis and Teacher Training［J］. Quest，2012（1）：26-32.

⑧Wegner C，Wattenberg L，Maar A.Improving teacher training using empirical methods：evaluation of a teacher training seminar on heterogeneity in the classroom［J］. European Journal of Science Education，2017（21）：15-35.

⑨Vegamarcote P，Varelalosada M，álvarezsuárez P.Evaluation of an educational model based on the development of sustainable competencies in basic teacher training in spain［J］. Sustainability，2015（3）：2603-2622.

（三）评述

综合国内外研究者在绩效评价领域的已有成果可知：国外的研究者更为关注绩效评价模型、评价方法、评价体系等方面，取得的成果也较为丰富，构建了具有深远影响的绩效评价理念和评价体系，解决了现代管理中存在的实际问题，为提高管理水平做出了积极贡献；国内绩效评价的研究较西方起步晚，在较长的一段时间内，主要是对国外绩效评价知识的引进和借鉴，而自主原创的研究成果较少，其研究的关注点、研究思维方面也与国外存在着较大区别。

其一，国外绩效评价在实际运用中具有较长历史，研究体系也已发展成熟；而国内在20世纪90年代才进行具有现代意义的绩效评价，发展基础薄弱，因此比较关注评价理论基础的研究，而同期国外的绩效评价研究已从企业经济领域拓展到教育领域。国内在借鉴国外知识的基础上，绩效评价在多个领域都展开了研究，在时间上并没有明显的分割线。

其二，绩效评价研究在我国时间较短，但绩效评价在国外各行业应用中所带来的积极作用和管理本身的科学化发展，促使国内的研究者对绩效评价这个主题一直具有较高的研究激情，并引进大量的研究成果，主要表现在绩效评价模型、评价体系、评价方法上，但同时，我国研究者在国外研究的基础上，对某些细节或局部进行了修订，使其本土化，更适用于我国国情。

其三，国外和国内的研究都比较注重绩效评价体系和实证研究，国外研究的进程较快、内容较新；国内研究相对滞后，在很多领域并没有系统的绩效评价体系，实证研究虽然在逐步增加，但产生的作用有限。国外重视绩效评价后的结果反馈，会对绩效评价的结果进行总结，并用于今后的改进与提高。反观国内，由于管理理念等诸多原因，很多时候是为了评价而评价，缺乏跟进的措施，并没将评价结果用于实践的改善。

二、体育教师培训绩效评价

（一）中外研究

对于国内文献的检索，主要是中国知网，时间跨度从1990年1月到2017年12月，分别以主题“体育教师培训绩效评价”“体育教师继续教育绩效评价”“体育教师继续教育实效评价”或者“体育教师培训实效评价”或者“体育教师培训效果评价”或者“体育教师继续教育效果评价”或者“体育教师职后培训实效评价”进行文献检索。再通过人工梳理，最终整理出与体育教师培训绩效评价有关的文献共17篇，其中期刊10篇、硕士论文7篇。对于国外文献的检索，由于英文单词的多义性，中文所对应的英文表达方式可能有多种，因此设置检索表达式时尽量思考周全。因此，在Web of Science数据库检索平台中的Science Citation Index Expanded（SCIE）和Social Sciences Citation Index（SSCI）两个数据库，时间跨度从1990年1月到2017年12月，以“performance assessment on physical education teacher training”或“performance evaluation on physical education teacher training”为主题词进行检索，通过人工梳理，最终整理出与体育教师培训绩效评价有关的文献3篇。

对收集到的文献资料进行分析，关于体育教师培训绩效评价的文章还是不太多，反映出体育教师培训绩效评价作为绩效评价的一个分支，其受关注度远远低于企业经济类的绩效评价，可见学界对体育教师培训绩效评价这一主题的忽视。

期刊文章一般是基于体育教师培训绩效评价的理论性探讨，关注的问题集中在评价维度和评价主体。许月云等认为应从培训内容的实用性、实效性、针对性、系统性、科学性、前瞻性来评价培训的结果①。周信德通过思辨分析，得出要从受训体育教师课堂教学能力、课外活动、设计能力、教研组活动建设能力、教学案例研究能力和教学研究科研能力五个方面来评价培训的成效②。李开文等选取专业知识、专业能力、情感态度与价值观三个维度，通过培训前后受训体育教师自我评价的对比反映培训的绩效③。汪纳等对为期两天的体育教师培训的效果进行评价，评价的内容包括对课程的设置、课程内容、对培训的组织、培训设施和培训师的满意度④。兰德尔等对体育教师的校本培训进行绩效评价，衡量的维度是受训体育教师对培训的满意度以及提高学生运动技能或者身体活动能力方面⑤。艾尔特曼为了评价培训效果，采用了焦点小组的质性研究及

①许月云，许红峰，郑志丹，等. 中小学体育教师继续教育效果评价［J］. 泉州师范学院学报：自然科学，2004（2）：116-121.

②周信德. 宁波市级体育学科骨干教师培训的特色与成效［J］. 宁波教育学院学报，2011（1）：30-33.

③李开文，应德万，吕品. 云南省农村中小学体育教师“国培计划”培训实效性调查［J］. 文山学院学报，2014（6）：67-73.

④Wanner M，Martin D E，Frick C，et al. Effects of a Two-Day Teachers' Training Course on Activity Time in Physical Education［J］. Open Journal of Preventive Medicine，2014（4）：317-326.

⑤Lander N，Eather N，Morgan P J.Characteristics of Teacher Training in School-Based Physical Education Interventions to Improve Fundamental Movement Skills andor Physical Activity：A Systematic Review［J］. Sports Medicine，2017（47）：135-161.

调查问卷的量性研究相结合的研究方法，通过受训体育教师的自我感受和学生的体育态度、积极性等来评价培训的效果[①]。

从硕士论文分析，内容上会分为两个部分，一部分是体育教师培训绩效评价的理论研究，主要涉及评价体系的构建，另一部分是实证研究，即把构建的评价指标体系用于对现实培训的评价。

《上海市校园足球指导员培训实施现状与效果研究》[②]一文借鉴了柯氏模型中的前两个层次——反应层、学习层来构建效果评价指标。反应层和学习层作为培训效果评价的一级指标。二级指标的建立主要是通过理论阐述，反应层下设培训主题、培训师、培训内容、培训设施和教辅器材四个指标，学习层下设学员理论与实践测试成绩、学员实际需求与完成效果、培训师团队对受训教师学习效果评价三个指标。反应层的全部指标和学习层下的学员实际需求与完成效果指标通过问卷的形式，以受训体育教师为评价主体。学员理论与实践测试成绩对比指标采取考试的形式进行评价，培训师团队对受训体育教师学习效果的评价以调查的形式进行。

《首都体育学院"国培计划"体育教师培训课程实施效果的实证研究》[③]一文以受训体育教师为评价主体，通过问卷的形式对课程满意度、教师满意度、培训成果满意度、收获满意度四个方面进行评价，最后通过百分比的形式来反映培训实施效果。

《高中体育教师"国培计划"实施效果——以首都体育学院培训基地为例》[④]以受训体育教师为评价主体，通过问卷的形式对培训课程和教学内容、培训目标的定位、培训的形式、培训的管理服务和培训的考核五个方面进行评价，最后通过计算百分比大致确定培训的效果。

《全国体育传统项目学校篮球师资培训质量评估体系的构建研究》[⑤]中关于培训效果的评价，首先通过文献法确定初级指标，再通过特尔菲法确立了从

①Aelterman N，Vansteenkiste M，Van K H. Development and evaluation of a training on need-supportive teaching in physical education：Qualitative and quantitative findings [J]. Teaching and Teacher Education，2013（9）：64-75.

②窦建树. 上海市校园足球指导员培训实施现状与效果研究 [D]. 上海：上海师范大学，2016.

③张栋. 首都体育学院"国培计划"体育教师培训课程实施效果的实证研究 [D]. 北京：首都体育学院，2016.

④马晴. 高中体育教师"国培计划"实施效果——以首都体育学院培训基地为例 [D]. 北京：首都体育学院，2014.

⑤顾李伟. 全国体育传统项目学校篮球师资培训质量评估体系的构建研究 [D]. 北京：首都体育学院，2018.

学员收获、学员行为改变、培训效益三个维度进行评价，其中学员收获下设指标：理论知识收获、实践能力提升、执教技能改进、科研能力提升。学员行为改变下设指标：训练计划改变、训练方法改变、管理方式变化、临场指挥能力、学员运动水平。培训效益下设指标：队伍参赛情况及成绩；学校、家长、学员满意度；高水平运动员输送。以层次分析法建立权重。在实证部分，则是以受训篮球教师通过问卷的形式对学员收获和学员行为改变两个一级指标反映培训效果。

《河北省校园足球教师培训效果评价体系研究》①是针对校园足球教师培训进行效果评价，作者运用文献法、逻辑法初步拟定了4 个一级指标，即反应层、收获层、应用层和成果层；12个二级指标；39个三级指标，通过特尔菲法确立评价指标及各个指标的权重。在实证部分，针对反应层、收获层的验证是用2017年培训的样本，对应用层和成果层则是用2015年和2016年培训的样本。

《浙江省“领雁工程”省级体育骨干教师培训现状及效果评价研究》②中作者直接采用了柯氏评估模型四个维度中的两个维度——反应层、学习层来构建评价指标体系，通过经验法在反应层下设培训组织、培训内容、培训师资三个指标，学习层下设理念与意识、理论知识、术科技能、实践技能四个指标。权重的设计采用了层次分析法。在实证部分，通过问卷的形式，借助受训体育教师的自评方式对培训效果进行评价。

《新课标视阈下小学体育骨干体育教师培训效果的调查研究》③中，作者把培训效果分为两个部分：培训期间效果和滞后效果，并且两部分效果都包括教学能力、组织能力、体育科研能力等9个指标。在实证部分，受训体育教师通过问卷的形式，分别对这两部分效果的9个指标按重要性进行排序，进而完成对培训效果的评价。

（二）评述

通过目前对体育教师培训绩效评价的研究体量来看，中外都没有对体育教师培训绩效评价予以重视，从而导致了这部分内容的研究匮乏。分析其原因，

①魏兴利. 河北省校园足球教师培训效果评价体系研究［D］. 石家庄：河北师范大学，2016.

②周而思. 浙江省“领雁工程”省级体育骨干教师培训现状及效果评价研究［D］. 杭州：浙江师范大学，2011.

③李洪梅. 新课标视阈下小学体育骨干体育教师培训效果的调查研究［D］. 曲阜：曲阜师范大学，2014.

主要是因为教师培训绩效评价从母学科分析，它涉及两个学科：教育学和管理学。在管理学方面，虽然现在国内外都注重从绩效评价来进行管理，但主要集中在企事业单位的管理上。企业单位主要是对企业的经济效益的绩效管理，而事业单位的管理注重行政效率的绩效管理。按责任的划分来看，教师培训绩效管理是事业单位教育系统里的事务。教育按受教育年龄来划分，可分为学前教育、初等教育、中等教育、高等教育和成人教育。从重视程度来看，成人教育的研究往往低于前四者。并且成人教育研究的基本主题也基本围绕着教师、学生、教学目的、教学方法、教学环境、课程、教学反馈展开。而关于教师培训中的绩效管理较少。每一次培训作为一个短期的行为，因为周期短，投入也较少，在众多需要绩效管理的事务中，处于相对较弱的地位。

关于体育教师培训绩效评价的文献当中，学位论文相较期刊论文而言，研究内容更具有深度和宽度。这些学位论文在方法论上采用了历史辩证唯物主义、矛盾分析法、归纳与演绎、概括和抽象。在方法来源上通常采用逻辑方法、经验方法、综合方法，数学方法。在具体方法上，由于教师培训绩效评价研究主要属于社会科学范畴里的研究，采用的也是社会科学中普遍运用的问卷调查法、访问调查法、专家调查法、文献法、逻辑法和比较法。中外研究者都注重该主题研究的逻辑性，都是从绩效、评价体系指标的建立、评价方法几个板块分别展开研究，同时对培训绩效的整体研究也都强调遵循假设与实证的研究逻辑。

目前，体育教师培训绩效评价研究所存在的问题主要体现在：1）其理论体系构建逻辑出发点就存在问题，表现在“体育教师培训绩效评价”这个短语中的“教师培训”“绩效评价”等关键词的表述存在多样性，特别是对“绩效”的概念。因此在实质上反映出对体育教师培训绩效评价本质的认知、研究、揭示还处在一个摸索阶段。2）其理论体系的系统构建的任务还没有完成，因此造成了一系列问题，比如绩效评价体系不完整，按理说，教师培训绩效评价体系包括三方面的内容，分别是评价指标体系，指标权重、评价指标标准，只有这三方面内容具备了，才可以真正对绩效进行评价。目前，在指标体系研究方面，初级指标的确立缺乏严密的逻辑推演，有的研究甚至缺少指标确定的环节。在指标权重建构方面，缺少对权重的精细设计，有的研究缺少权重的构建，通过统计百分比来评价绩效；有的虽有权重设计，但各个指标权重一致化。在评价标准方面，评价标准的缺失会导致失去评价的具体依据。3）在实证部分，从绩效的整体性而言，绩效评价处在较浅的层次，一般都处于体育教师培训完成后即刻评价，而缺少追踪评价，说明实证研究还是很薄弱，研究的层次还是较表浅。有的研究成果在评价指标体系的设计中有追踪评价指标，但在实证中却没有进行验证，反映出设计的评价指标在实践中没有可操作性。另外，评价主体单一，缺乏广泛性，评价主体基本囿于受训体育教师，通过受训体育教师对培训的主观满意度来显示培训绩效的高低。

而真正完整做到对体育教师培训绩效评价的研究，应该是在一定的培训绩效评价理论基础上，通过构建评价指标体系、指标权重、指标标准后，采用合适的方法和评价程序，通过多方的评价主体对体育教师培训绩效进行系统评价。因此，本研究以“中小学体育教师培训绩效评价研究——以江西省国家级综合性培训为例”为主题，探究体育教师培训绩效评价的基本理论，构建绩效评价体系，并且采用合适的方法体系进行验证，提出优化体育教师培训绩效评价的策略。

第四节　研究对象、目标和内容

一、研究对象与调查对象

我国中小学体育教师培训包括国家级、省级、地（市）级、县（区）级等各级培训，其中“国培计划”是教育部负责组织实施的示范性项目，它以省级骨干教师、中小学校长为重点培训对象，培养一批优秀体育学科培训专家和“种子”教师，对各级体育教师培训具有示范性、典型性和代表性。因此，本研究以国家级中小学体育教师培训绩效评价为研究对象。

教育部颁布的中小学《教师专业标准》明确提出将《标准》作为“教师培养培训的主要依据”；依据《标准》对于中小学体育教师来说，其所要求的专业学科知识和能力结构是一样的。而且从国家级体育教师培训实际操作中，教育部组织的体育教师培训项目多是中学体育教师和小学体育教师在一起进行培训。因此，可以将中学体育教师培训绩效评价和小学体育教师培训绩效评价进行统一研究。

调查对象为江西省国家级中小学体育教师综合性培训项目。目前在全国各地开展的国家级中小学体育教师培训，都是北京教育学院受教育部委托，通过第三方招标的形式，以教育部对体育教师培训的要求为依据，最终确立国家级中小学体育教师培训的承办方。通过前期对我国体育教师培训现状的了解，结合我国的行政体制，可以认为各地承办的国家级体育教师培训具有同质性。因此，根据便利性和资料可获得性，选择江西省国家级体育教师培训项目为调查对象。

二、研究目标

立足于中小学体育学科和成人教育的特点，以及绩效管理的迫切需求，对中小学体育教师培训绩效评价进行理论探索，构建包括评价指标、权重、评价标准的中小学体育教师培训绩效评价体系，为我国的中小学体育教师培训绩效评价的实践活动提供有益的参考。

三、研究内容

1）中小学体育教师培训绩效评价理论分析。探讨中小学体育教师培训绩效评价的理论基础、绩效评价特征、评价的依据与整体标准、评价原则、评价的主体和客体、评价数据的收集方法、评价方法以及绩效评价的误差因素分析。

2）中小学体育教师培训绩效评价体系的构建。该部分包括评价体系的构建步骤、评价模型的确立、指标体系的构建、权重的构建以及评价标准的确立。

3）中小学体育教师培训绩效评价方案验证分析。该部分通过中小学体育教师培训项目的绩效评价的试行，验证所构建的绩效评价体系，并提出相应的建议。

第五节　研究方法和研究思路

一、研究方法

在确立了应该遵从的研究范式的基础上，围绕研究主题进行研究方法的确立。

1. 文献分析法

在江西师范大学图书馆、福建师范大学图书馆、南昌市图书馆、江西省图书馆、国家图书馆查阅大量绩效管理、绩效评价、教育评价学、评价方法技术等文本书籍，在中国知网、百度学术、谷歌学术、科学网（Web of science）、国外学位论文中国集团全文检索平台（PQDT）查阅相关电子文献，它们所涉及的领域包括企业管理学、经济学、教育学、统计学、体育学等。通过文献分析法，整体上把握了中小学体育教师培训相关研究的现状，梳理出中小学体育教师培训绩效评价的理论基础，整理出此领域普遍运用的评价模型，掌握培训绩效评价体系的研制方法和步骤。

2. 调查法

（1）访谈法

根据研究主题，结合培训绩效的利益相关者设计访谈提纲，分别对具有受训教师、学校校长（体育组负责人）、培训承办方、体育培训师进行半结构式访谈（访谈提纲见附录1、附录2、附录3、附录4），其目的是从中小学体育教师培训绩效的不同利益相关者的视角，探索体育教师培训绩效评价所存在的问题，同时为研究体育教师培训绩效评价的作用、意义，以及确立培训绩效评价的预设指标提供思路。对于具有培训经历的体育教师的访谈，其目的是从受训教师的角度，了解他们对培训绩效评价所存在问题的看法，对培训绩效评价的期望、具体需求。在选取体育教师进行访谈时，要考虑到地域和教龄因素，进而让收集的信息更加全面且有代表性（表0–4）。对于学校体育教学主管领导的访谈，其目的从受训教师工作单位的角度了解对培训绩效的认知。对于培训组织者的访谈，其目的是从政策的执行者和管理者的视角来分析对培训绩效评价的观点。对于培训师的访谈，其目的是从授课者的角度获知培训绩效评价的看法。访谈的形式主要是采用电话访谈和面谈，访谈对象总计162人，整个的访谈时间跨度为2016年9月至2017年11月。

表0–4 受访人员一览表（部分）

姓名	工作单位	职称	学历	资历或职务
项**	江西师范大学	教授	硕士	硕导、副校长（主管中小学教师培训）
曾**	福建教育学院	副教授	博士	培训处副处长
陈**	福建师范大学	教授	硕士	博导、副院长（分管中小学体育教师培训）

（续表）

姓名	工作单位	职称	学历	资历或职务
周**	北京教育学院	副教授	硕士	书记（主管中小学体育教师培训）
余**	江西师范大学	教授	本科	硕导、中小学体育教师培训师
谢*	江西师范大学	教授	本科	硕导、中小学体育教师培训师
曹*	豫章师范学院	讲师	硕士	体育系副主任（主管体育教师培训）
余*	南昌市教育科学研究所	中学高级	硕士	体育教研员（组织中小学体育教师培训）
邹**	江西省高安中学	中学高级	本科	教龄33年
何**	江西遂川中学	正高级	本科	教龄32年
谢*	江西师范大学附属小学	小教一级	本科	教龄21年
肖**	江西师范大学附属中学	中教一级	本科	教龄14年
桂*	新余四中	中教一级	本科	教龄13年
方**	进贤县民和六小	小学高级	本科	教龄12年
陈**	于都县第五中学	中教二级	本科	教龄11年
陈**	玉山必姆中心小学	小教一级	本科	教龄10年、校长
何*	兴国县第五中学	中教二级	本科	教龄10年
黄**	资溪县一中	中教二级	本科	教龄10年
邓*	湾里区梅岭学校	中教二级	本科	教龄9年
孙*	江西万年中学	中教一级	硕士	教龄8年
程**	乐平中学	中教二级	本科	教龄7年
陈**	南昌外国语学院	中教二级	硕士	教龄5年
邬*	南昌三中	中教二级	本科	教龄6年
彭*	腊市镇乌岗小学	小教二级	本科	教龄3年
曾**	吉水县枫江小学	小教二级	本科	教龄2年

（2）特尔菲法

经典的特尔菲法只设定预测主题，而不设预测事件，通过2轮匿名和反馈咨询，对预测结果进行统计和判断。随着特尔菲法的应用范围的扩大，人们对特尔菲法进行了改进，产生了许多变型特尔菲法，如在设定咨询主题的同时，直接给定咨询内容，减少咨询调查次数；对专家的评价意见进行选择性反馈①。在科研评价中，特尔菲法不但用于科研计划、研究项目和成果等的评价，还用于各种评价指标体系指标权重的设置，但多采用了变型特尔菲法，而经典的特尔菲法反而用得较少②③④。本研究中，所采用的就是变型特尔菲法。

体育教师培训绩效评价体系的构建，首先是在充分比较与分析各类评价模型的基础上，结合绩效的内涵与外延，研制出符合体育学科特点和体育教师特点的评价模型，再根据教师培训绩效的层次，结合教育评价理论、培训迁移理论、软系统分析理论等再确定二级指标同一层次的各个不同因素，逐步建立起二级指标、三级指标。在初步建立指标的基础上，选取专家通过特尔菲法对指标进行筛选。布朗·贝指出，专家团队的组成是采用特尔菲法成败的关键⑤。根据特尔菲法专家成员的来源要求，拟选的专家不应该仅限定于某一个研究领域的权威，因为权威的人数毕竟非常有限。因此，本研究的特尔菲法所选择专家来源的思路是，具有多年的培训师的经验或者是多年参与培训绩效研究的学者，抑或是从事体育教师培训管理的专业人员。同时，在选择专家时不是采用随机选择的方法，而是通过有明确目标的程序选择。在专家人数方面，一般而言，评价或预测的精准度与专家人数呈函数关系，即精准度是随着专家人数的增加而提升。但从实用性的角度，人数的多少要根据研究项目的规模而确定，如果专家人数众多，除了工作量大，难以组织外，还会导致数据处理复杂；专家人数过少，限制了学科的代表性。根据大多数特尔菲法的惯例，专家人数以10～30人为宜。在确定专家人数时，因种种原因，专家不一定每轮必答，甚至有时专家会中途退出。所以，在预先确定专家人数时应适当多选择一些专家，为特尔菲法的使用留有一定的余地。

根据以上分析，同时由于体育教师培训绩效指标体系涉及多个维度，而且在三级指标的构建中会涉及一些生理学、心理学、学校体育学的内容，所以在专家背景和学术背景都会有所考虑，在此基础上，专家人选的构成主要从以下

①邱均平，文庭孝. 评价学——理论·方法·实践［M］. 北京：科学出版社，2010：165.

②陈敬全. 科研评价方法与实证研究［D］. 武汉：武汉大学，2003.

③查先进. 信息分析与预测［M］. 武汉：武汉大学出版社，2000：145-158.

④包昌火. 情报研究方法论［M］. 北京：科学技术文献出版社，1991：178-181.

⑤Brown B.Dephi Process：A Methodology used for elicitation of opinions of experts［M］. Santa Monica：The Rand Corporation，1969：142-162.

几个方面权衡：1）教师培训组织实施领域的专家；2）多年教师培训经历的培训师；3）有多次受训经历的一线教师。综合以上各种考虑，本研究确定出21位专家（表0–5、表0–6）。

表0–5　专家团队组成成员一览表

姓名	工作单位	职称	学历	资历或职务
季*	华东师范大学	教授	博士	博导
仇*	清华大学	教授	博士	博导
陈**	福建师范大学	教授	本科	博导
王**	北京体育大学	教授	博士	博导
郑**	上海体育学院	教授	博士	博导
吴**	上海体育学院	教授	博士	博导
戴**	江西师范大学	教授	博士	博导
项**	江西师范大学	教授	硕士	硕导、副校长（主管教师培训）
郑**	江西财经大学	教授	博士	硕导、院长
贺**	江西师范大学	教授	博士	硕导、副院长（主管体育教师培训）
罗**	南昌大学	教授	博士	硕导
吴**	南昌大学	教授	博士	硕导
余*	南昌市教育科学研究所	副教授	硕士	体育教研员
于**	泉州师范大学	教授	博士	硕导
张**	四川师范大学	教授	博士	硕导
何*	江西遂川中学	正高级	本科	中小学体育教师培训师
洪*	江西万年中学	高级教师	本科	中小学体育教师培训师
曾**	福建教育学院	副教授	博士	硕导、培训处副处长
钟**	南昌大学	教授	博士	硕导、副院长（主管体育教师培训）
于**	贵州大学	教授	本科	硕导
王*	贵阳学院	教授	博士	硕导

表0-6　专家的基本情况一览表

项目	分类	人数	占比（%）
年龄（岁）	31～40	1	4.76
	41～50	12	57.14
	51～60	6	28.57
	60以上	2	9.53
文化程度	本科	4	19.05
	硕士	2	9.52
	博士	15	71.43
工作性质	教学科研	21	100.00
	行政管理	6	28.57
专业技术职称	正高	18	85.71
	副高	3	14.29

选取的专家对体育教师培训绩效评价指标体系（附录5）进行背靠背的通信方式，征询专家小组成员的预测意见，并适时反馈专家小组成员的预测意见，进行第2轮征询（附录6）后专家组成员对绩效评价指标的意见逐步趋于集中，最后获得具有高准确率的判断结果，确定出体育教师培训绩效评价指标。

（3）专家评分法

专家评分法主要是运用于体育教师培训绩效评价的验证部分中，对绩效中的利益相关者层的指标转化为实际操作的指标进行结构性评价（附录10、附录11、附录12）。专家选取的原则是对中小学体育教师培训绩效熟悉，并有一定的学术功底。共选取12位专家（表0-7、表0-8）。

表0-7　评分专家团队组成成员一览表

姓名	工作单位	职称	学历	资历或职务
项**	江西师范大学	教授	硕士	硕导、副校长（主管教师培训）
罗*	江西师范大学	教授	博士	硕导、院长
余**	江西师范大学	教授	本科	硕导
戴**	江西师范大学	教授	博士	博导
罗**	南昌大学	教授	博士	硕导

（续表）

姓名	工作单位	职称	学历	资历或职务
吴**	南昌大学	教授	博士	硕导
钟**	南昌大学	教授	博士	硕导
于**	泉州师范大学	教授	博士	硕导
张**	四川师范大学	教授	博士	硕导
曾**	福建教育学院	副教授	博士	培训处副处长
何**	江西遂川中学	正高级	本科	中小学体育教师培训师
洪*	江西万年中学	高级教师	本科	中小学体育教师培训师

表0-8　评分专家的基本情况一览表

项目	分类	人数	占比（%）
年龄（岁）	40～50	8	66.67
	50～60	3	25
	60以上	1	8.33
文化程度	本科	3	25
	硕士	1	8.33
	博士	8	66.67
工作性质	教学科研	12	100
	行政管理	3	25
专业技术职称	正高	10	83.33
	副高	2	16.67

（4）问卷调查法

问卷调查法主要运用于中小学体育教师培训绩效评价研究的验证部分，其作用是对江西省中小学体育教师国家级综合性培训绩效中的反应层、学习层、个人层，以及利益相关者层中的积极性、主动性和锻炼行为展开评价。调查问卷的设计首先是根据社会科学研究的问卷设计规范，其次是问卷的问题结构是根据已研制的中小学体育教师培训绩效评价指标体系的层次结构。问卷内容的编制则是根据三级指标中每一个指标内容，采用Likert 5级量表设计方法，分为5个级别（附录7、附录8、附录9）。在验证研究的案例中，反应层与学习层是培训完即刻进行评价，所以构成一张问卷，由受训体育教师填写。个人层是培训完成后进行评价，所以构成一张问卷，由受训体育教师填写。而利益相关者层的积极性、主动性和锻炼行为展开评价是由学生填写，所以构成一张问卷。在案例一中，反应层与学习层问卷于2017年12月10日填写，发放问卷196份，回收192份，其中有效问卷190份，有效率为96.94%。个人层问卷于2018年1月31日通过问卷星发放问卷196份，回收问卷180份，其中有效问卷180份，有效率为91.84%（表0–9）。

表0–9 问卷第一次发放情况（案例一）

问卷	发放问卷（份）	有效问卷（份）	有效率（%）
反应层和学习层	196	190	96.94
个人层	196	180	91.84

两张问卷在第一次问卷发放后15天，通过问卷星进行问卷第二次发放，发放196份问卷。反应层和学习层的问卷回收180份，有效问卷180份，有效率91.84%。个人层的问卷回收176份，有效问卷176份，有效率89.80%（表0–10）。

表0–10 问卷第二次发放情况（案例一）

问卷	发放问卷（份）	有效问卷（份）	有效率（%）
反应层和学习层	196	180	91.84
个人层	196	176	89.80

进行信度检验。包含反应层与学习层的问卷相关系数为0.753，个人层的问卷相关系数为0.713。

利益相关者层的问卷由学生填写，由于是8位受训体育教师所教学生填写，所以对每位受训教师的评价都要进行重测信度检验。8位受训体育教师是按整体的1：25的比例随机抽取，分别为姚老师、涂老师、曹老师、周老师、熊老师、何老师、帅老师、刘老师。问卷第一次发放于2018年1月24日至1月28日，姚老师班级发放问卷172份，回收171份，有效问卷168份，有效率为97.67%。涂老师班级发放问卷205份，回收205份，有效问卷193份，有效率为94.15%。

曹老师班级发放问卷125份，回收123份，有效问卷120份，有效率为96.00%。周老师班级发放问卷130份，回收130份，有效问卷127份，有效率为97.69%。熊老师班级发放问卷162份，回收162份，有效问卷159份，有效率为98.15%。何老师班级发放问卷125份，回收123份，有效问卷118份，有效率为94.40%。帅老师班级发放问卷167份，回收167份，有效问卷157份，有效率为94.01%。刘老师班级发放问卷235份，回收232份，有效问卷227份，有效率为96.60%。由于学生放寒假，且多数学生不用手机，故选择纸质问卷在开学第一周内完成重测信度检验，时间为2018年3月2日至3月6日，姚老师班级发放问卷172份，回收172份，有效问卷165份，有效率为95.93%。涂老师班级发放问卷205份，回收203份，有效问卷197份，有效率为96.10%。曹老师班级发放问卷125份，回收122份，有效问卷119份，有效率为95.20%。周老师班级发放问卷130份，回收129份，有效问卷125份，有效率为96.15%。熊老师班级发放问卷162份，回收162份，有效问卷160份，有效率为98.77%。何老师班级发放问卷125份，回收125份，有效问卷120份，有效率为96.00%。帅老师班级发放问卷167份，回收167份，有效问卷162份，有效率为97.01%。刘老师班级发放问卷235份，回收230份，有效问卷226份，有效率为96.17%。重测相关系数分别为0.724、0.736、0.720、0.782、0.760、0.751、0.721、0.741。问卷可信。

（5）档案袋法

美国学者保尔森等[①]指出，档案袋是有目的地收集被评价者学习和工作的相关记录。美国西北评价联合会认为，档案袋的制作目的是收集工作中的成果，以体现被评价者在其领域的收获。美国教育学家安亚·当斯布等把档案袋法分为三种类型：过程型、结果型、展示型[②]。而在绩效评价中用的较广泛的是结果型档案袋法，它是在某一时间段内，为了顺应社会发展需要而制成的汇编，它表明教师在此期间取得的成就。在本研究中，采用了结果型档案袋法，它主要是用于利益相关者层中的对学校影响的评价（附录12），通过此方法掌握受训教师是否在培训后为学校获得相关荣誉。

①Paulson F L，Paulson P R，Meyer C A. What makes a portfliio［J］. Educational Leadership，1991（5）：28-36.

②Ann A B，Hawk P P.Developing a teaching portfolio［J］. College Teaching，2000（2）：72.

3. 层次分析法

在特尔菲法的基础上，通过层次分析法，在体育教师培训绩效层次化、步骤化的基础上，为已确立的体育教师培训绩效评价指标赋值权重，使得培训绩效评价可以量化，呈现出具体的分值。

4. 数理统计方法

运用SPSS 21.0统计软件和Excel软件对数据进行统计，进行信效度检验、计算指标的分值、统计最终的绩效分值。

二、研究思路

首先，通过文献分析法、逻辑分析法对管理学、绩效管理、教育学、培训评价等文献的梳理和总结，对中小学体育教师培训绩效评价的理论进行分析，寻找出体育教师培训绩效评价的理论基础，明确中小学体育教师培训的内涵、评价依据、评价原则、评价主客体、评价误差因素等。

其次，通过文献资料法、逻辑分析法对现有的评价模型适用范围、优缺点进行分析，构建适合中小学体育教师培训绩效的评价模型。然后，根据体育教师特点和体育学科教学特点，厘清体育教师培训绩效评价的维度，通过特尔菲法确立评价指标体系。运用层次分析法，确立各评价指标的权重。同时确立评价标准，从而完成体育教师培训绩效评价体系的深入研究。

最后，将构建的评价体系应用于具体的中小学体育教师培训，验证其在实践中的可操作性，发现其在实际运用过程中出现的问题，进一步提出相关建议。然后进一步延伸，就体育教师培训绩效评价和体育教师培训绩效提升提出相应的策略。研究思路如图0–1所示。

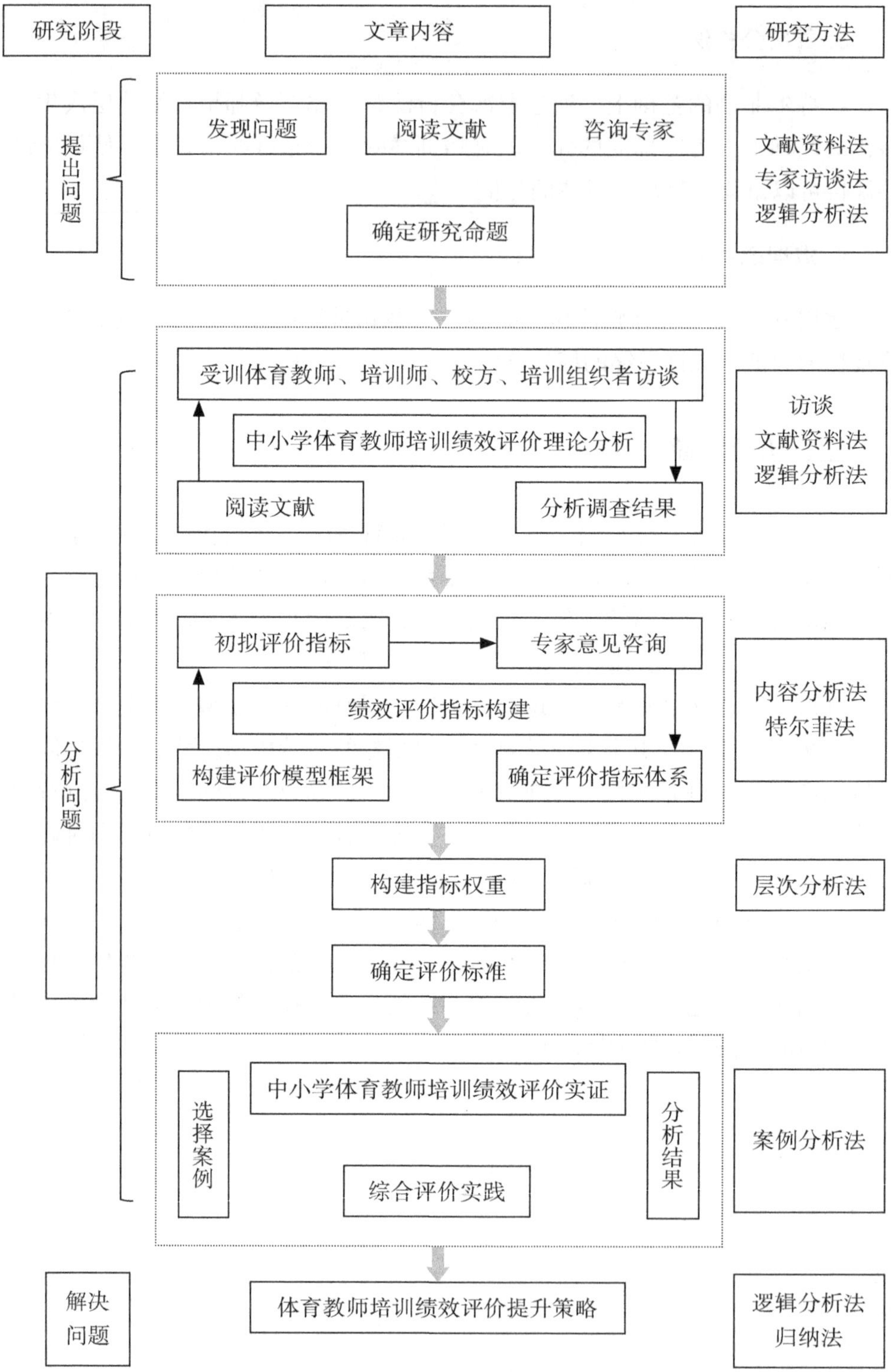
研究阶段
文章内容
研究方法
提出问题
发现问题
阅读文献
咨询专家
确定研究命题
文献资料法
专家访谈法
逻辑分析法
分析问题
受训体育教师、培训师、校方、培训组织者访谈
中小学体育教师培训绩效评价理论分析
阅读文献
分析调查结果
访谈
文献资料法
逻辑分析法
初拟评价指标
专家意见咨询
绩效评价指标构建
构建评价模型框架
确定评价指标体系
内容分析法
特尔菲法
构建指标权重
层次分析法
确定评价标准
选择案例
中小学体育教师培训绩效评价实证
综合评价实践
分析结果
案例分析法
解决问题
体育教师培训绩效评价提升策略
逻辑分析法
归纳法

图0-1　研究思路

第六节　创新点与预期成果

一、主要创新点

第一，研究选题的创新。关于教师培训评价的研究本身就不多，而且培训评价的对象涵盖面非常宽泛，包括对培训需求评价、对培训中培训师资的评价、对培训课程的评价等，这就造成了研究主题指向培训绩效的评价研究较少，而针对体育这一特殊专业的教师群体的培训绩效评价的研究就更加缺失。本研究对体育教师培训绩效评价理论和实证进行研究，丰富了教师培训管理的内容。

第二，评价内容上的创新。从培训绩效评价内容上，以往大多只是受训教师针对培训各方面进行满意度评价，或者是培训师对受训教师就培训知识掌握情况进行评价，这也是通常层次评价中的第一层次和第二层次评价。针对这两个层次的评价在一定程度上反映了培训的绩效，但国家花费大量的人力、物力、财力进行如此大规模的教师培训的真正目的不仅仅在于这两个层次，更重要的在于教师经过培训以后，把培训所学的知识、技能在实际教学环境中灵活运用，改变以往的教学行为，使教师受益的同时，也让教师的利益相关者受益。因此，评价的层次要更深入，评价的内容要更丰富。本研究在对第一层次和第二层次进行评价的同时，也对培训后的培训绩效进行追踪研究，进一步对受训教师和对利益相关者的影响进行研究。

第三，评价指标体系的创新。评价内容的创新为评价指标体系的创新奠定了基础。对评价指标进行提炼，重点突出、繁简适中，能较全面地反映体育教师培训绩效评价在现实中具有可操作性。

二、预期成果

一是根据体育学科特点和体育教师特点，分析、归纳中小学体育教师培训绩效评价的理论，并构建出中小学体育教师培训绩效评价体系。

二是验证所构建的绩效评价体系的可行性，提出提高中小学体育教师培训绩效评价的建议与策略。

第一章　中小学体育教师培训绩效评价历程与问题

第一节　中小学体育教师培训绩效评价历程

“历史的重要性不仅在于可以向过去吸取经验教训，而且因为现在和未来是通过一个社会制度的连续性与过去连接起来的。今天和明天的选择基础都是由过去决定的，过去只有被认为一个制度演进的历程时才可以理解”[①]。因此，探寻当前我国中小学体育教师培训绩效评价理论与实践之前，有必要回顾它的发展历程。中小学体育教师培训绩效评价分为三个阶段：起步阶段（从中华人民共和国成立至20世纪80年代前期）、摸索阶段（20世纪80年代中期至90年代末）、深化发展阶段（20世纪90年代末至今）。

一、起步阶段（从中华人民共和国成立至20世纪80年代前期）

1949年以来，就注重教师的培训。当时对教师进行培训的主要目的是解决大部分教师学历层次低的问题，因此，这段时期的教师培训也称为学历补偿式培训。1949—1965年，百废待兴，各个国家行政部门都在抓自己所辖事务的主要矛盾，而体育教育师资领域的主要矛盾是国家对合格体育教师的大量需求与体育教师供应严重不足的矛盾。因此，体育师资培训工作的重心放在体育教师培训具体工作组织和实施的环节。各地教育部门积极采取措施，如通过举办短期体育培训班，利用寒暑假组织体育教师培训学习，努力提高体育教师的政治水平的同时，促进受训教师掌握体育教学大纲、体育教材教法，以达到适应体育教学的急需，促进中小学体育教学正规化的目的。1976年以后，国家进一步加快体育教师培训。国家教委围绕体育教学大纲的编写指导思想、编写原则、具体操作等问题，

①金耀基. 从传统到现代［M］. 北京：中国人民大学出版社，1999：41–42.

在大连举办了“全国中小学体育教学大纲”培训班，全国各省市都选派了体育教研员和部分骨干教师参加学习，促进了体育教学大纲在全国的实施。而当时在教育系统内管理知识的欠缺，以及管理思维还处在思想教育、提高思想觉悟的层面上，还没有从意识上站在绩效评价的高度对培训进行管理。因此，对体育教师培训的管理处在一个较低的层次，主要是对培训师的工作态度、培训师的教学方法等方面。这一时期由于没有绩效管理的理念，几乎都是无意识地在对体育教师培训进行绩效评价。

二、摸索阶段（20世纪80年代中期至90年代末）

1985年11月，国家教委在北京召开全国中小学师资工作会议，并于1986年2月27日公布了《关于加强中小学体育师资队伍建设的意见》文件，就我国中小学体育师资队伍建设的基本要求和相应措施等提出建议。为了贯彻该文件精神，国家教委体卫艺司于10月在重庆市教育局召开了教育学院系统体育师资培训教学改革研讨会，会议明确了教育学院体育系科承担中小学体育教师培训任务。主要解决部分教师学历达标，满足正常教学的问题。随着教师培训发展的规模和深度不断扩大，花费十分可观。如此多的投入，其教师培训效果如何，国家已开始关注这个问题。而现代企业中的绩效管理思想于20世纪80年代中后期逐渐传入中国，有识之士已开始从绩效管理的角度审视教师培训问题。同时，20世纪80年代后期世界其他国家公共开支受到严格的监督，教师培训绩效评价受到了重视。尽管真正意义的教师培训绩效评价只是在为数不多的西方发达国家展开，但是国内与国外在教师培训绩效评价问题上的理论认识趋于一致。主要体现在对教师培训绩效评价功能的认识上：一是判断功能，绩效评价是对教师培训作出价值判断；二是改进功能，通过绩效评价找出培训中的不足，提出具体的改进建议，以达到下次教师培训增值的目的。在大环境的影响下，体育教师培训界也在适应和接纳培训管理的新观念和新做法。这个时期，主要还是体现在培训管理思想上的改变，而实践中运用绩效评价对培训进行管理的还是很少。

三、深化发展阶段（20世纪90年代末至今）

1999年3月，国务院批准转发了教育部《面向21世纪教育振兴行动计划》（以下简称《计划》），以培养21世纪合格教师为目标的“跨世纪园丁工程”同时启动。按照教育部《计划》的要求，教育部体卫艺司于同年实施了中小学体育教师国家培训计划，先后有300多名中小学体育教师在北京师范大学、华东师范大学、福建师范大学进行了为期1年多的课程学习、体育教育实践、研究交流3个阶段的培训。此后，各省市也先后举办了中小学体育教师培训。2010年“国培计划”的实施，进一步深化了中小学体育教师培训。教育部在《教育部办公厅关于加强国培计划项目绩效考评工作的意见》《“国培计划”示范性集中培训项目管理办法》《教育部关于深化中小学教师培训模式改革全面提升培训质量的指导意见》等文件中明确提出，为保证培训质量，必须加强培训绩效评价工作，从而促使有关管理部门针对绩效评价中所反映出的问题采取相应的改善措施。在认识到绩效评价的作用后，国内逐渐展开了实际运用，对体育教师培训的绩效展开了评价，其主要是通过问卷的形式掌握培训期间的效果。

第二节　中小学体育教师培训绩效评价问题

一、缺少有效的绩效评价体系

目前，我国较大规模的体育教师培训都是由政府的教育主管部门组织，随着国家对政府各个部门管理的加强，绩效管理已成为管理的通行手段。教育主管部门自然也对培训进行绩效管理，并且在培训绩效评价中处于举足轻重的地位。这种行政命令式的绩效评价一方面反映出国家提高工作效率的决心，另一方面反映出国家对教师培训的宏观管理的需要。但是，我国官方文件只是笼统地提到要加强教师培训绩效的管理，并没有关于如何评价教师培训绩效的指导性文件。“国家确实十分重视体育教师培训的效果，要求我们承办单位对体育教师培训的效果进行书面汇报，我们承办单位也认真对待这项工作。但是由于顶层设计中还没有关于具体从哪些维度进行评价的指导性文件，因此，从哪些维度进行评价由我们根据国家培训的总体要求进行自行设计，应该说我们承办方有较大的自主权，并且评价效果前会认真进行评价指标的设计，但有可能评价指标的科学性和全面性也有待提高。[①]”。“在体育教师培训结课时，会要求受训体育教师对我们组织的培训进行一个总体的评价，这也是工作环节的一部分。但具体从哪几个方面进行评价，我们有一定的自主权。在制订评价量表时，我们刚开始是参考兄弟院校的评价量表，再根据自己的思考，进行一些改

①2016年11月9日，曾老师，福建教育学院。录音资料编号20161109。

进，但是从评价内容上看，主要还是集中在对培训的住宿、师资的教学上进行评价。[①]”只要是政府组织的教师培训都会有培训的绩效评价，但是由于各个培训承办方在评价时有较大的自主权，因此，各地的具体评价方法、评价指标有很大的区别。政府评价其优点是有较高的权威性，然而也有其弊端：其一，由于培训内容的不同，如综合性培训与单一性培训，它们两者评价指标和权重应该有所区别。其二，政府评价多是出于行政管理的惯式，呈现出极强的行政色彩，是为了评价而评价，要求有一个评价结果，片面认为评价就是分出等级，对如何评价缺少一个明确的指导，给各个承办单位有太大的评价自主权。各个承办单位也会按照工作要求组织评价，但从评价内容看，评价指标指向表浅。我国的体育教师培训绩效评价，多是在培训结束后，由培训承办方在培训完即刻实施的现场问卷调查，其内容多集中在培训后勤服务：饮食、交通、住宿等；教学内容、教学质量等的满意度。这些调查很难反映出培训对受训教师教学知识、教学技能的增长以及受训教师在工作单位对学生学习所带来的影响等深层次关键性信息，培训绩效到底如何，利益方都从自己的角度进行评价，各执一词，让国家难以判断。

教育部和财政部都要求加强对教师培训的绩效管理，而展开绩效管理离不开绩效评价，但他们却没有具体指出从哪几个维度、从哪些指标展开更为详尽的评价。虽然各个培训单位在培训内容、方式方法、手段等方面均有顶层的指导思想，但是尚未形成一套实用性强、操作便利、科学合理的绩效评价指标体系来监控并检验培训的质量和效果，各地的体育教师培训机构在绩效评价问题上各自为政，有的甚至没有厘清什么是绩效评价，就张冠李戴，把其他培训方面的评价当作绩效评价，因此建立的评价指标模糊、操作难度大。这样的结果会导致培训质量难以保证，培训效果良莠不齐；另外，导致培训效果的评价结论没有信服度和可比性，使得体育教师培训项目的决策者不能准确获知培训的结果和问题的出处。因此，构建一整套科学规范、极具操作性、指标明晰的培训评价体系，是当前亟待解决的问题。

二、培训绩效评价有套用教育评价的倾向

我国的教师培训开展的时间并不是很长，对培训绩效的重视也是随着行政

①2017年10月12日，曹老师，豫章师范学院。录音资料编号20171012。

机关改革而逐渐被关注的。培训的质量目标、课程设置、培训方式、考核方式等都处于探索阶段。教育管理部门和评价机构关于培训的绩效评价标准还不完善，从目前的绩效评价标准体系看，都普遍借鉴甚至套用教育评价的标准。“我们在进行绩效评价问卷设计时，在参考承办过教师培训的院校问卷的同时，也会进行我们调查问卷的设计，设计上有时会套用体育教育的相关评价。①”而众所周知，体育教师培训与教育在对象、教学过程、教学周期、教学方法都存在着诸多的不同，照搬体育教育的评价模式，将不利于培训绩效评价的真实与客观，不利于培训的改进与提高。

三、绩效评价没有立足体育教师专业的特点

“对于培训完后所填写的评价的内容，主要是关于各方面的满意度，个人感觉，这样的评价表格也可用于其他学科专业培训的评价，感觉不到对体育教师培训的针对性。②”

“有一次参加国家级培训，承办方先是安排各学科专业教师统一培训，然后再按各科专业分开进行培训。在培训结课时，承办方将各学科专业教师集中起来，进行培训总结，要求对培训做一个反馈评价。当时各学科专业教师所填写的评价表是一样的。③”

不同的专业学科，其培训内容的知识结构既有共性也有个性，相对应的，其绩效评价也应该共性和个性兼具，特别是一些以理论课为主的专业与另外一些以实践课为主的专业，虽然它们在一些评价层面上趋于一致，但反映在具体的细化指标上就一定会有区别。而目前对体育教师培训的绩效评价，往往是评价指标与其他学科教师无差异性，忽视了体育专业培训的特点，没有体现出绩效评价指标体系的区别。

四、缺少追踪评价

在受访的培训承办方负责人的访谈中，大多数负责人反映，受训教师培训完成后，回到工作岗位，就没有再次让他们反馈培训效果的情况。但负责人都

①2017年10月12日，曹老师，豫章师范学院。录音资料编号20171012。

②2016年11月3日，桂老师，新余某中学。录音资料编号20161103。

③2016年9月2日，周老师，信丰县某小学。录音资料编号20160902。

表示，回到工作岗位上，对培训的效果才有一个全面的认识。而对受训体育教师的访谈中，各位教师也都反映在培训完成以后，没有受到过关于培训效果反馈的调查。在对受训体育教师单位领导的访谈中，也反映了没有相关部门对受训体育教师的表现作一个回访。

在对教师培训绩效评价中，受访的承办体育教师培训的组织方，大多采用了培训即刻性评价，即刻性评价的优势是评价迅速，易于操作，但它仅仅是反映了培训完即刻，而不是培训完以后一段时间的情况。然而教师培训的作用显现有一定的滞后性，原因是培训完成以后，培训过程中所讲的相关知识、技能、情感的内容要先被受训教师掌握，在此基础上，再被教师内化成自身的东西，最后运用到教学实践中。而由于体育教师培训绩效评价追踪评价的难度大，很多评价缺少了追踪评价这一环节，只把评价放在培训完即刻的终结评价。

五、评价主体的单一化

从访谈中得知，培训绩效评价的主体主要包括两个方面：培训承办方和受训体育教师。承办方是以自评报告的形式，在受训体育教师完成评价以后，对培训整体的效果进行评价。培训承办方作为培训的实施者，同时又是培训效果的评价者，这种既是运动员又是裁判员的角色，使其评价的结果缺少一定的信服度。受训体育教师作为评价主体，充分反映了尊重培训对象主体地位的思想，同时，他们的身份也适合对培训绩效做出评价。但是培训绩效除了在受训体育教师身上体现外，受训体育教师把培训内容吸收消化后，能否在教学工作中体现出来，还需要另外的评价主体进行评价。

第三节　我国中小学体育教师培训绩效评价问题的解决思路

一、明确中小学体育教师培训绩效评价的理论

明确中小学体育教师培训绩效评价的理论，不仅可以指导实践，而且可以明确体育教师培训的关键问题，对构建科学的培训绩效评价体系有一个指导作用。套用教育评价的倾向和没有立足于体育教师专业特点的状况，反映出对体

育教师培训绩效评价的整体认识不清晰，没有掌握中小学体育教师培训绩效评价的内涵。

缺少跟踪评价反映了对整个体育教师培训绩效的组成认识不全面，即对评价的客体认识不全面。体育教师培训最早与最直接接受培训影响的是受训教师，受训教师可以说是培训成果的载体，把培训的作用辐射出去，辐射出去的对象有学生、同事、学校等。而目前对培训绩效评价主要借助调查问卷，评价客体集中在培训进度、教学内容、教学质量，忽视了培训后工作行为的改变以及对学生、同事、学校的影响，这就造成了绩效评价内容的不完整性。由于对绩效评价客体认识不全面，又导致另外一个问题，即对评价主体的认识。基于评价客体的多层次性，要全面衡量培训绩效，应该把受训体育教师、受训体育教师工作单位、受训体育教师同事联合起来，使他们共同组成评价的主体。例如，受训体育教师对培训的质量进行评价，在培训后对知识、技术、情感改变进行评价；工作单位对受训体育教师为学校体育活动、体育教学作出的贡献进行评价；同事则对受训体育教师工作成绩进行评价。各评价主体紧密联系、各司其职、相互配合，共同组成一个协调一致的评价网络。

二、构建科学的培训绩效评价体系

成功的体育教师培训绩效评价必须具备一个前提和一个核心。一个前提是明确中小学体育教师培训的理论，用理论指导绩效评价。一个核心就是以绩效评价体系为核心。因为绩效评价体系是评价的基础，涉及评价的维度，各指标的权重直接影响着评价结果。教师培训绩效评价由于评价标准比较复杂、抽象，属于综合评价的范畴[①]。作为核心的绩效评价体系，不是不加筛选地将指标堆放在一起，不是各指标随意分配权重以组成绩效评价体系，而是各个绩效指标之间在一个大的系统内具有逻辑关系，从属于某一特定的目标，并且共同完成评价培训绩效任务。

构建教师培训评价体系的关键是在有充分的理论、国家政策和实际需要的基础上，对教师由原来水平提高到新的高度的目标分类。只有这样，才能使教师培训绩效评价具有科学性、实效性和可操作性。教育部2011年印发了《关于大力加强中小学教师培训工作的意见》（以下简称《意见》），该《意见》指出，提高教师师德、提高教师业务水平成为新时期教师培训的主要目标。那

① 苏为华. 多指标综合评价理论与方法问题研究［D］. 厦门：厦门大学，2009.

么对中小学体育教师培训的绩效评价就应该围绕着这一目标，虽然绩效的表现层次有若干方面，但各个层次的内容都应围绕教师师德、业务水平目标，例如，培训内容的安排是否指向教师素质提高，培训进度是否得当，让受训教师及时消化吸收所学内容，提升教师素质。在绩效评价对象上，把总的绩效分解成不同层面的绩效，通过综合单一性表现整体性。教师培训绩效所涉及的层面较多，所以评价对象较多，如培训本身的质量、培训对象——受训教师知识、技能、思想的改变等都是绩效评价的对象。如果把教师培训绩效看作是受训教师能力发展和变化的函数。那与这个函数相关的因素都是需要关注的。一般来说，体育教师培训绩效主要建立在两类因素上，一类因素是代表着培训过程中施加于受训教师的因素，如培训课程、培训方式、培训师等。另一类因素是受训教师因培训活动而展现出来的变化要素，主要是指受训教师在培训后的素质发展情况及其在教学工作中所产生的变化。所以，教师培训绩效评价对象要由单一性向系统性、整体性的方向转化。在目标的权重上，对于有利于工作行为的改善和对学校、同事、学生有积极影响的内容要予以倾斜，尤其是对学生有积极影响的指标，如学习行为、学习结果等要加以重视，起导向作用。

第二章　中小学体育教师培训绩效评价的理论分析

第一节　中小学体育教师培训绩效评价有关分析

一、中小学体育教师培训绩效评价特点

（一）基于中小学体育教师知识结构的特性

由于中小学体育教师培训是针对中小学体育教师群体，所培训内容的设计无疑是基于中小学体育教师知识结构特点，因此在对培训绩效进行评价时，一定要立足于体育教学的知识结构。在绩效评价指标的设计中，往往会涉及诸如体育风险防范知识、科学健身等体育特色内容，体现出中小学体育教师在经过培训以后，体育教师知识结构是否有所改善与提高。

（二）矛盾性

矛盾性主要体现在体育教师绩效评价的客观性与主观性相统一，客观性是指对体育教师培训绩效评价信息科学和全面的收集。但是绩效评价在客观的前提下，要进行主观判断，即使对教师培训绩效评价信息进行科学的分析和处理，无论采用何种方式评价，最终得出的评价结果都是通过个体的主观判断得出的。

（三）目的性

培训绩效评价不是为了评价而评价，而是为了改进与提高，旨在把绩效评

价结果或结论反馈给培训承办者、受训教师、培训师，特别是教师培训的组织者，使他们根据培训的绩效情况，采取更佳的培训决策，制订更有效的教育计划，促进有效的体育教师培训绩效评价，最终提高教师培训的效率和质量。

（四）模糊性

体育教师培训是一种典型的成人培训活动，成人培训的效果会受到培训内容、培训方法、培训环境及受训教师身心特点影响，在评价中要完全归因到某一活动或方法有时会很困难，即使有时整体上发现培训对体育教师能力发展有所帮助，但也只能笼统归因。

（五）复杂性

体育教师培训项目评价在内容的综合性及评价的模糊性方面已经使教师培训绩效评价显得相当复杂。即使在培训期间，体育教师知识、态度和能力有所变化，也难以确定就是由培训本身所导致的结果，无法将教师在某一阶段教学能力的提升归因于某一次教师培训。另外，在经过培训后，体育教师知识增长、教学能力提高的同时，往往教学方法和教学质量也得到提升。学生层次和组织层次某些教学相关活动的改变的效果往往在短期内无法展现，因而要全面评价一个培训绩效不但要有即刻绩效评价，还要有中长期绩效评价。这些因素组合到一起，构成了评价的复杂性。

（六）体现对学生的体育教育性

体育教师培训绩效的最后阶段最终通过体育教学作用在中小学学生身上。体育教学，不仅是强健学生身体，提高学生身体素质，提升运动成绩，还传递着体育文化，使学生形成终身体育的思想，从而提高运动的积极性和主动性。因此，在对中小学体育教师培训绩效评价时，体育教育性不可忽视。

二、中小学体育教师培训绩效评价功能

评价的目的决定着评价的功能。即使针对同一对象，评价目的不同，评价的功能也会有所区别。一种评价目的规定着一种评价功能，不同的评价目的使

得评价功能大相径庭。按照功能来划分①，评价一般可分为四种类型：第一种是在组织活动之前进行评价，即诊断性评价，它是为使活动计划内容安排得更为合理，而进行的摸底性评价；第二种是在活动进行的过程中，即过程性评价，它是为了保证活动按计划进行，修正活动在进行中的错误，使活动取得更好的结果而采取的评价。第三种是活动结束即刻或一段时间，对活动开展的结果进行评价，达到对成果的鉴定和定级区分的作用，即终结性评价。进行终结性评价时，其评价信息的来源有两种渠道：一种是即刻收集的信息，即培训刚结束就进行相关信息的采集。另一种是通过追踪所获得的信息，即培训完成一段时间以后，进行相关信息的采集。第四种是置身于教师培训活动之外，为了对该培训活动做出客观研究以及在此基础上，总结经验教训，探讨改进方法而进行的必要评价。它是从外部对活动的效果、规定条件等进行的评价，即整体性评价。体育教师培训绩效评价无疑是第三种评价和第四种评价，它主要的目的是通过对本次培训进行客观评价后，为了以后进行的活动规划提供决策的资料与信息，便于今后的活动更有效果、效率和效益，发挥为决策服务的功能；其次是鉴定培训是否实现组织者的既定目标。

三、中小学体育教师培训绩效评价作用

教师培训绩效评价是对结果进行全面叙述和分析，基于客观信息的基础上，推断结论并提出相关改进建议。绩效评价的结果会通过反馈环节把内容反馈给培训的组织方、承办方、受训教师的学校和受训教师。对于组织方和承办方，促使其改进工作和做出正确的决策。对于受训教师的学校，促使其认真对待选送受训教师的问题及发挥种子教师的工作安排问题。对于受训教师而言，则是进行培训学习情况和结果的反思。基于不同的反馈对象，教师培训绩效评价将产生以下几个作用：1）导向作用。在体育教师培训活动开展之前，事前设计好评价的整体方案，是评价活动的纲领性文件；而指标体系的构建，是指导绩效评价活动的关键因素。众所周知，评价指标体系与评价的最终结果有着密切的联系，即不同的评价指标体系会导致不同的评价绩效。评价指标体系一旦构建完成，评价的组织方和承办方就必须依据评价指标进行培训的具体规划，否则不会做到有的放矢，获得一个好的绩效结果评价。可见，绩效评价的指标

①胡惠明. 简论中小学教师继续教育评价［J］. 教师，2010（22）：7-11.

体系就像一个指挥官，起到一个指向的作用。2）诊断作用。绩效评价结果是建立在根据评价要求收集到的信息，利用科学方法进行分析和处理的基础之上得出的。通过绩效评价可以发现教师培训工作在哪些方面值得肯定，应该继续保持和发扬；识别在哪些方面不足，辨别造成这些不足的原因，为后续培训的改进与提高提供参考。3）激励作用。绩效评价的最终结果，一方面为决策者提供了参考信息；另一方面也为组织方、承办方、受训教师提供了反馈信息。其主要目的是改进培训工作，提高培训的效率与质量。如果培训绩效好，明确好在哪个具体的环节，会给培训相关的工作者、参与者以发扬成绩的动力和精神上的满足，能较好地促进他们的工作热情或者学习的主动性，激励他们以饱满的热情投入工作或学习中；如果培训绩效不好，明确不好的环节在什么地方，发现问题，这样才能促进人们改进，达到提高的目的。4）交流作用。在评价的过程和评价结果反馈过程中，由于教师培训绩效的评价者来自多方面，如受训教师、受训教师工作单位领导、受训教师同事等，他们之间的相互交流和信息上的沟通，能够让受训教师了解他人对培训绩效的看法，对自己通过培训所学的东西投入工作实践中的看法，注意自己学习长处的同时，也注意到自己的不足，有利于促进自己的反思与学习。

四、中小学体育教师培训绩效评价意义

（一）微观

1. 对培训师的意义

作为培训对象的授课者，出于工作的责任心和使命感，培训师非常想了解自身的工作能力和工作水平如何：怎样有效地对作为成人的受训教师进行教学；怎样才能使受训教师学会新知识；采取何种方式与这些成人受训教师进行更好的沟通与教学互动；如何教会受训教师把所学知识运用到工作上去。要获知这些信息，就必须通过对培训绩效的评价来体现。“从事针对体育教师的师培工作已有10多年，说实话，有的培训活动没有什么培训绩效评价，说直白点，有的培训结束后没有任何培训调查。其实从自我提高角度来说，一些对我们评价的内容，不管结果好与坏，都可以让我们知道学员对上课内容的评价、上课方式方法的评价，有时我们也会与学员交流，但可能学员出于礼貌，或者出于顾忌，不会说出真实想法，如果采用匿名评价的方式，可能会得到更真实

的内容。这样在提高专业的同时，也可解决学员的实践问题。[①]”通过培训绩效评价，可以让培训师掌握如下几个方面：自己的培训理念与受训教师的需要是否合拍；培训上课的教学形式是否适合成人教育的特点；培训的互动是否满足受训教师的需求；可以进行哪些方面提高培训水平。对于一位培训师，要想使个人或者所处的组织保持效率，必须持有开放式的工作心态，必须有一个固定的开放式的信息反馈渠道，而这个反馈渠道，就是对教师培训是否达到既定目标的评价。

2. 对培训承办机构的意义

正如培训师希望知晓他们各自的培训水平以及被受训教师认可的程度那样，培训承办机构也希望了解自己承办的培训是否受到受训教师的好评，是否完成了组织安排的任务，是否达成了组织的培训预期目标，这都需要借助绩效评价。当然，作为承办机构，它最想获知的信息是它所组织的培训师团队的整体水平。要想了解一位培训师的工作状态和能力，可以在培训过程中对培训师进行直接的观察。但是在实际中，培训承办方会随机进行直接观察，这种方法并不能完全客观地评价培训师的工作，尤其是这些观察还是在单一视角的基础上得出的结论。“作为省里教师培训工作的承办单位之一的负责人，为了出色完成组织分派下来的工作，除了计划安排好培训有关的硬件外，最主要的是安排好软件，而这里的软件最重要的就是培训团队的人员组成。通常我们都会通过一定的标准如学历、职称、工作年限、教学荣誉来筛选组建培训团队。但毕竟面向中小学生和大学生的教育与面向成人教师的培训会有所区别，所以我们还会通过一些其他方式进行团队成员的精选。[②]”培训承办机构的观点并不完全等同于受训教师、受训教师所在学校的观点，为了得到一个较为公正客观的结论，培训机构得把众多单一视角得出的结论放在一起综合权衡。通过绩效评价，培训承办机构通过了解受训教师、受训教师所在学校的观点后，再结合自己的观察结果，给予培训师一个相对客观公正的评价，为下一次培训做好培训师人选的准备。另外，承办机构的工作要比培训师的工作更繁杂，它们不仅要保证所聘请的培训师的知识能力和工作能力能否满足受训教师的需要，还要考虑到是否能够实现培训组织方的培训目标。毫无疑问，培训组织方会对培训绩效评价高度重视，他们希望教师培训既要有效率又要有效益。因此，作为培训

---

①2017年7月4日，谢教授，培训师，江西某大学。录音资料编号20170704。

②2017年4月30日，项教授，江西某大学副校长。录音资料编号20170430。

承办机构，必须通过绩效评价，拿出客观的量化证据来向培训组织方进行证明，从而获得培训组织方的工作肯定。

3. 对培训组织方的意义

除了培训承办方要掌握培训的效率、效果外，培训组织方作为培训人、财、物的投入方，更需要了解培训给受训教师带来了什么效益，给学生、学校、社会等利益相关者带来怎样的效益。他们要了解受训教师是否将培训所习得的东西运用到实践中。通过绩效评价，总结该次培训的经验与教训，也有理有据对培训承办方提出相应要求，为提高培训的质量积累经验。同时，也基于培训绩效对下次培训预算进行针对性调整。

4. 对受训教师的意义

在大多数人的意识中，培训绩效评价只是组织者希望的事情，殊不知，受训教师同样希望对培训绩效展开评价。在访谈的所有教师中，无一例外地都指出了对培训应该进行绩效评价的支持。“有必要，而且非常有必要。对培训的绩效进行评价可以有效加强学员的积极性，也对举办方是一种督促。[①]”对于参加过多次培训的教师，他们反映培训总体来说都让人受益，但也不可否认某些培训没有起到什么作用。“中肯地说，培训的机会和经历让我有很大的提高，但是并不是每次的培训都收获很大，有些培训可以让我受益一生，但是也有些培训没有什么营养，基本上是零收获。我清楚地记得有一次培训，我就是这种感觉，当时以为自己的学习心理发生了变化，因此在培训结束时，还特意问了一下其他受训教师，他们的感受与我一样。通过这次培训，我明白了，虽然培训活动出发点是好的，但是培训的某些环节处理不好，如授课教师课程内容、授课教师备课情况等，这都会让培训目标实现不了。有个别授课教师给我的个人感觉，跟我们讲课时，内容都没准备好，完全是为了完成任务，仅仅带了个躯体来上课，我想这不是培训组织方的本意。如果还继续让这位教师在这个培训团队中，我想又要浪费下次参训教师的时间，还会让一些本来就对培训认识不清的同志，产生培训无用论的错误思想。[②]”另一位教师的意见也有代表性，“我工作三十几年，参加各类的体育教师培训至少不下30次，有几次碰到同一授课教师，他所讲授的内容几乎是没有什么变动，这就尴尬了，体育课标都变动了，体育教学理念至少会有所不同，一些新的教学问题会凸显出来吧，应对

①②2017年6月2日，陈老师，南昌某中学。录音资料编号20170602。

的教学方式方法应该会有新的吧。所以要进行培训绩效评价，把我们受训教师对培训相关的意见给呈现出来，让有关部门看下，给培训师一个压力，对我们自己也有好处。①”无论受训教师是否出自真心的，还是组织硬性安排的，他们花费时间、精力进入培训场景，都是希望在培训的过程中有所收获。对于培训绩效的评价，从受训教师角度来看，可以让自己得知绩效评价结果后，使自己反思与同次参加培训的其他教师间的差距，从而提高自己的主观认识，为自己的不足找到现实依据，为下次参加培训起到一个警醒的作用，也可为其他受训教师给出针对性建议。另外也可知晓，在经过培训后，能多大程度把培训所学运用到工作当中，提升自己的教学水平，以及了解自己培训所学对同事、所在工作单位是否带来了良好影响。再者，也可为受训教师节约时间与精力。通过培训绩效评价，把一些真实情况展现给组织方，将较差的培训师剔除出师资培训队伍，对培训内容做出结构优化、内容精减，让受训教师多、快、好、省地掌握培训内容。

5. 对受训教师单位的意义

受训教师单位选送教师参加培训，一方面遵守教师法，尊重教师受继续教育的权利，另一方面也是希望教师参加培训以后能有所收获，在教师自身专业能力提高的前提下，把自己的体育教学开展得有声有色。同时，把培训的心得与体会传授给单位同行，发挥起“种子教师”的作用，更好地带动体育组教师教学水平，甚至给学校带来荣誉。但是不管选送哪位教师去参加培训，其教学工作常规都会发生变动，必须进行相应的调整。因此，在此前提下，学校会从收益最大的角度出发，综合考虑各方面因素，最终确定哪位教师参加培训。“我们学校选择体育教师外出培训的原则一般是根据学校的需求来选择的，但是大多时候我们都偏向于年轻的体育教师。因为乡下的许多年老的教师都不是太愿意去参加这些培训，所以我们都选择一些比较年轻的又有上进心的年轻骨干体育教师。因为这些教师不仅是学校新鲜的血液，也将会是学校以后的骨干力量。而且通过有关单位的培训反馈，送去的受训教师培训过程中很认真。后面在工作中的表现也证实了这一情况，我校童老师通过外出羽毛球的培训以后回来在学校自己组建了一个羽毛球的队伍，并通过自己的辛勤的指导，我们学校男队获得全县第三名成绩，女队获得团体第二名的成绩，这对于我们乡下的学校来说是很不错的成绩。再比如，我们很多的老师通过外出培训学习到很多

①2017年4月16日，邹老师，任教33年，高安某中学。录音资料编号20170416。

新的训练方法，回来通过自己的摸索，形成了自己的一套训练方法，因此我们学校在全县运动会上屡次获得团体奖。这些方面的例子很多，我就不一一列举，总之我觉得通过培训与培训评价的促进让我们学校很多的教师学习到很多的东西。[①]”培训绩效评价让学校参与到评价中，一方面促进受训教师重视培训，提高培训学习效率；另一方面培训绩效的反馈使学校了解受训教师的培训表现情况和培训结果，为今后参加培训的人员选择提供了经验。

（二）宏观

1. 有利于教师培训工作的正确决策

教师培训工作已经成为多数国家提高教学质量的主要手段之一，甚至在一些已实现教育师资培养高等教育化的国家中，对教师职后培训的注重已超过了职前教育。我国的教师培训从20世纪70年代的补偿性教育培训到如今的针对专业发展培训，其深度和范围越来越广。1999年，教育部颁布《中小学教师继续教育规定》，明确了参加培训是教师的权利与责任，教师培训步入了法制的轨道，从而进入快速发展期，而十年之后的国培计划，让教师培训进入了高速发展期。现如今，我国的教师培训有体制内组织的培训，也有体制外组织的培训。体制内培训从最高层的国培计划到省培计划再到市培训和区县培训，各级的教育主管机构都参与到教师培训工作中。体制外组织的培训包括一些民间培训机构和国际大公司的积极参与，如美国公司在我国运营的SPARK体育课程教师培训。各种层次、各种规模、各种形式的教师培训在全国范围内如火如荼地展开，形成了生机勃勃的教师培训的局面。但这种局面的出现是背后所投入的财力、人力、物力与时间。这些人力、财力、物力和时间的投入对教师本身和教学质量是否真正起到作用，起到什么程度的作用，决策者们该怎么对待教育培训，是加以发扬，进行推广实施；还是加以改善，进行某些环节的修改，推出更精致的培训计划；抑或是废除，通过其他方法提高教师水平，提升教学质量。这就需要通过绩效评价，得出客观的结论为决策者提供有效信息，以作为决策的依据。

2. 有利于调控教师培训的管理过程，促其沿着培训目标运行

教师培训机构是具体实施教师培训工作的主要单位，教师培训绩效是培训机构的师资力量、课程设置、培训计划等各种因素综合作用的结果。培训绩效

①2017年5月6日，陈校长，玉山县某小学。录音资料编号20170506。

评价能对教师培训机构各项工作进行高度概括，使教育主管部门能根据教师培训机构培训的实际效果与其预定的培训目标实现程度，来衡量培训机构的运行情况。从而督促教师培训部门在规划工作时，依据当前的教师发展形势，纵观全局，有明确的培训方向，围绕着具体的目标，有针对性地提出切实可行且高效的策略和方法，有效调控教师培训工作，使教师培训完成既定目标。

3. 有助于检验教师培训事业的发展水平

对于教师培训活动，它们开展的质量如何、成功与否，均需要运用评价手段来进行甄别。我国颁布的《国家中长期教育改革和发展规划纲要（2010—2020年）》指出，要努力打造一支师德高尚、教学业务精湛、师资结构合理、充满活力的高素质专业化教师队伍。在我国已基本实现师资培养高等教育化的前提下，这个目标的实现不仅要依靠本科与研究生期间的培养，相对于漫长的职业生涯和飞速发展的知识体系，还要依靠职后的培训。培训绩效评价的结果，可以作为衡量我国的教师培训事业发展程度的有效手段。

第二节　中小学体育教师培训绩效评价的依据与基本要求

中小学体育教师培训绩效评价有如此重要的功能、作用与意义，因此进行绩效评价是非常有必要的，也是必须的，而体育教师培训绩效评价的依据与基本要求是研究者在评价体系设计前必须清楚的问题。

一、中小学体育教师培训绩效评价的依据

（一）政策依据

众所周知，任何一种行为都是围绕着一定的目标来进行的。体育教师培训绩效评价这一行为，也是以目标为引导而进行操作的。它的目标是通过一定的评价标准对培训这一活动进行有效评价，而这一评价标准应该源于国家施行体育教师的培训目标。

在不同的时期，由于应对的教育局面不同，所以教师培训的政策目标也会

相应不同。20世纪80年代初，“文化大革命”结束后，全国各方面都百废待兴。而中国振兴的人才培养在于教育，教育的成败在于教师，但由于当时各中小学大面积缺少教师，为解燃眉之急，把知识达不到标准、学历达不到要求的人员充实到教师队伍。国家为了改变师资队伍的这种情况，于1986年颁布了《关于加强在职中小学教师培训工作的意见》（以下简称《意见》）的文件，这个文件是紧随《中共中央关于教育体制改革的决定》（以下简称《决定》）文件颁布的，在《决定》中提出，在五年或者更长的一段时间内使大多数教师能够胜任教学工作。而《意见》是原国家教委为落实《决定》而在教育系统内专门颁布的文件，它要求通过教师培训，在提高教师政治觉悟的前提下，不仅要更加热爱祖国教育事业，同时也要提高自己的文化知识水平和教学能力。并且在此基础上，针对当时教师的情况把教师为分三类，分别提出了更加细化的培训目标。1）对于学历不达标或者不能胜任教学的体育教师，在经过培训后，其中绝大多数教师能达到合格的学历要求，能够胜任基本的体育教学工作且考取合格证书。2）对于少数没有达到最基本的文化知识和教学水平的体育教师，通过相关知识培训，让他们初步具备教学能力，能胜任教学工作。3）对于能胜任教学的教师，提高其知识理论和专业水平，培养出一批体育教育专家和体育学科带头人。从这个时期国家发布的教师培训文件可以解读出，这个时期的培训主要目标是为了解决当时体育教师学历不足，知识体系欠缺的“学历补偿式”培训，使中小学体育教师能胜任体育教学工作。培训目标主要指向体育知识体系，并不特别强调体育教学能力。

随着各层次教师培训工作的顺利开展，体育教师培训的效果日益明显，学历补偿的培训目标已基本达成。另外，随着国家各层次体育师范专业的扩招，培养的中小学体育教师在数量上已能满足体育教育上的需求。

在21世纪，体育教师方面所存在的主要矛盾已由供求数量的矛盾转为结构性矛盾，对体育师资的要求已不在数量方面而是质量方面，国家对体育教师培训的目标提出了更高的要求。教育部在国家刚颁布《国家中长期教育改革和发展规划纲要（2010—2020年）》后，为了落实全国教育工作会议精神和纲要，建设高素质教师队伍，于2011年印发了《关于大力加强中小学教师培训工作的意见》，该文件可作为关于各学科教师培训绩效衡量的指导性文件指出提高教师师德、提高教师业务水平成为新时期教师培训的主要目标。可以看出，包括体育教师在内的各级培训都应该围绕这个核心目标展开。因此，从政策分析，教师师德、教师业务水平是制定绩效评价标准的依据。

（二）体育教师行业依据

体育教师培训的目的是促进教师专业水平的发展，使其能胜任体育教师工作。因此，对于中小学体育教师培训绩效评价，从体育教师行业而言，就是中小学体育教师的工作胜任特征要求。

胜任特征的概念是麦克利兰于1973年提出的，他指出，胜任特征就是能区分出在某一工作岗位和组织环境中绩效水平的个人或群体特征，这些特征包括动机、特质、自我形象、态度或价值观、领域知识、认知或行为技能等，它们既是判断个人或群体能否胜任某项工作的起点，也是决定并区别绩效差异的个人或群体特征总和。

体育教师的胜任特征来源于三个方面的要求：1）社会进步使得中小学体育教师的工作角色有了新的定位。随着体育课程标准深入实施，社会对中小学体育教师角色又提出了新的要求，即中小学体育教师成为塑造和实现课程标准的决策者，学生体育学习过程中的指导者、促进者，体育活动的设计者、组织者，课程内容资源的开发者及中小学体育教学的研究者。人们对中小学体育教师社会角色定位和要求的变化与提高，无疑在对中小学体育教师的专业知识和职业素养提出了更高的要求。2）教师职业发展对中小学体育教师的知能结构提出了新的要求。为了进一步加强教师管理，促进我国教育事业的健康持续发展，2010年，国务院颁布了《国家中长期教育改革和发展规划纲要（2010—2020年）》，该文件指出将完善教师资格制度，实行教师资格考试，建立教师资格定期登记制度，建立统一的中小学职务序列。在此背景下，为了对中小学教师的职业发展提供政策上的支持，同时也为了适应新文件要求，国内各地方教育行政部门和学校结合自身的实际情况也相继出台了一系列促进中小学教师职业发展的措施。作为中小学体育教师，他们需要拥有一定的学科专业知识和相关文化知识及教育学、心理学等教育科学理论知识，而知识的更新和理论的发展则需要不断地实践和在科学的理论指导下进行学习提高，从而实践传授知识、培养学生运动技能和运动能力，提高学生的健康水平和运动参与意识，最终实现自身的职业发展与国家教育发展战略的有机统一。3）学生需求对中小学体育教师的胜任特征提出了新的挑战。与其他学科的中小学教师相比，虽然体育教师面临的升学压力较小，但在学生学习和成长过程中的地位却是其他学科教学所不能替代的。首先，学生的健康需求有待于体育教师在教学中给予满足，而健康需求的满足则体现在培养学生运动参与、运动技能、健身知识和健康理念等各个方面。其次，学生的发展需求同样需要中小学体育教师在工作中给予支持，中小学体育教师在一定程度上担负着发现和培养、为国家输送体育人才的重任，一些具有某项或多项体育特长的学生通过指导和训练，可以获得更好的发展机会。另外，学生的心理问题同样需要在教学过程中给予关注，通过参与体育运动，对学生塑造健康的人格和提高意志品质等方面有着重要意义，这对学生积极的人生观、价值观和世界观的形成具有重要作用。这决定了中小学体育教师在掌握专业知识和教育教学技能的同时，还要加强教师工作的动机和态度、良好的职业价值观和认知等深层次能力。

中小学体育教师胜任特征在宏观的指标中与其他中小学学科教师没有本质区别，通常包括教学知能、职业素养、专业发展、个人效能、社会适应和学生观念六个因子①，但是在细化的指标中，要体现出中小学体育教师胜任特征，如教学知识中的体育风险防范知识、科学健身知识、技术示范等。因此，在中小学体育教师培训绩效评价指标中的细化指标也应该体现出中小学体育教师胜任特征。

二、中小学体育教师培训绩效评价的基本要求

既然找到了制定绩效评价标准的依据，那么按照其依据就可以找到绩效评价的总体标准。

（一）通过体育教师工作平台反映，对学生的体育教育不可忽视

提高教师师德、提高教师业务水平目的就是在教师的工作平台上，实实在在地提高教师的教育水平。因此，培训应该建立在教师的工作平台层面，即工作实践当中。业务水平包括科研水平和教学水平等，但就中小学体育教师而言，体育教学水平是其主要的业务水平。而体育教师教学水平的高低主要还是通过学生的体育学业成绩变化来体现。学者陈玉琨指出，教育应以学生的发展作为教育活动的出发点。学生的发展是所有教育活动的最终目的，学生的学业进步应该是教师培训的最基本、最重要的目的。从国外的教师培训绩效评价的研究和实践分析，认为学生学业进步是衡量教师培训效果最有力的证据。近年

①李欣. 中小学体育教师胜任特征模型的构建与检验［D］. 武汉：华中师范大学，2012.

来，美国为了提高教育质量，大力推行有效的、高质量的教师培训。如何鉴定是否是有效的高质量的教师培训，美国所采取的衡量方式很简单，即教师完成培训之后，是否能够帮助学生达到教育部门规定的学业目标。如果能够达到学业目标，即可证明这个培训具有良好的绩效，学生学业成绩提高越多，培训绩效就越好①。

（二）分层次评价培训绩效

体育教师培训终极目的是学生的体育学业进步，这一点在意识上和理论上都容易达成共识，但是在培训实践中，很少人从教师工作平台和体育学业层面去评价教师培训的绩效，以致在现实的评价实践中，因为终点过于遥远而放弃了这个层次的评价或者把中间的层次当成了绩效评价的终点。

人们坚信体育教师培训会促进学生体育学业发展，至于通过哪些层级达到在工作平台上反映绩效并没有深入探究。在明白绩效与教师工作平台和体育学业的关系后，体育教师培训绩效评价不能因为终点过于间接和遥远，而迷失方向或把中转站当成了终点。软系统分析理论也进一步提示，培训绩效是一个动态的完整的有机系统，包含多个组成部分。因此，体育教师培训绩效评价需要把评价的起点和终点间的距离分为几个层次，对它们分别展开评价，再把各个层次的评价进行综合，最终形成一个对培训绩效的总体评价。

那在绩效评价的起点和终点划为几个层次为适宜呢？要解决这个问题，首先要清楚理解，从培训开始到受训教师把培训所学展现到工作平台的这个过程，要经历哪几个阶段。首先是受训教师投入培训当中，对培训所呈现出的情况有一个整体看法；其次是在培训过程中，培训对受训教师的影响；再次是教师将培训知识内化后，在工作平台中进行运用；最后是在运用过程中，对工作中接触人员的影响和所在学校的影响。培训的目的之一是让受训教师提高专业水平，当受训教师接受培训，而培训不能提高教师水平时，培训的效果是不理想的。在培训过程中，如果培训这一活动不能让培训知识 、技术技能转化为受训教师自己的东西，那也不会实现培训目的。当培训绩效完成后，才会步入下个层次，把绩效传递下去，即把培训的所学施用给其他人，如同事、学生、学校等。

---

①教育部师范教育司. 教师专业化的理论与实践［M］. 第2版. 北京：人民教育出版社，2003：105.

第三节　中小学体育教师培训绩效评价原则

所谓原则，是指观察分析、处理问题时所要遵守的准则，是从自然界和人类历史中抽象出来的人们行动的准则。根据中小学体育教师培训绩效评价的教育评价理论、实用主义理论、软系统分析理论，归纳总结出如下绩效评价原则。

一、定量评价与定性评价相结合的原则

根据软系统分析理论，体育教师培训绩效是一个动态变化的、完整的有机体系，它包含多个要素。同时，绩效评价对象的复杂性、不确定性，以及某些指标的模糊性，必须采用定量评价与定性评价相结合的原则。定量评价用于可定量化的指标，根据定量化的标准进行价值判断。定量评价具有客观性强、可信度高等特点，因而利用这个评价方式所得出的结果往往具有一定的科学性。例如：在体育教师受培训后，所采用新的训练方法手段，给学生身体素质带来的变化。这一身体素质指标就可以通过量化来衡量。在教师培训绩效评价中，并非所有的因素都可以被量化，而且量化评价往往比较复杂，不容易在实践中被操作，从而失去实践价值。而定性评价则用于难以量化的指标，通常采用与评价对象的互动来收集信息，如采用现场观察来评定体育教学设计；通过录像方式来评判体育教学实施、体育教学管理；通过对学生、家长的开放式访谈来判断体育教师师德等，多角度、多方位获得评价对象的相关信息，对绩效评价对象做出描述与分析，从而作出价值判断①。定性评价具有操作简单、实用方便等特点，对于绩效评价中难以量化的评价因素，定性评价具有较大的优势。当然，定性评价也存在着弊端：主观臆断强，而且评价所产生的结果往往难以具有可比性。正是基于两者的各自特点的弥补，体育教师培训绩效评价需要将两者结合起来进行使用，以此形成一个科学、完整的评价方法体系，使评价结果反映真实情况。

二、综合评价与重点评价相结合的原则

综合评价是对培训绩效的各组成部分进行评价，重点评价则是依据各个

①涂艳国. 教育评价［M］. 北京：高等教育出版社，2007：7.

评价对象在绩效整体的重要性，对突出的评价对象进行评价。在体育教师培训绩效中，要对各个层次绩效的构成部分进行评价，包括培训内容、培训师资、培训任务量等。只有如此，才能找到改进培训绩效的依据，实现培训绩效评价的现实意义。另一方面，对于体育教师培训绩效评价又不能均衡用力，必须在评价对象中，区分出权重，突出重点的评价对象在评价绩效中的分量。事实上，任何评价都是围绕着一定的目标展开的，体育教师培训的目标制约着教师培训绩效的评价方向。教师培训的目标不仅是让受训教师掌握培训所传授的知识、技能、情感态度，更是通过他们的进一步消化，灵活运用到实际工作中，产生更大的价值。在教师培训绩效评价中，不论对培训内容、培训师资、培训授课，还是对学生运动积极性和主动性、对学校体育专业发展活动的开展进行评价，均是为了整个绩效评价而服务；同时，对培训绩效评价的重点放在对培训相关利益者的影响上，更能反映培训绩效。因此，在体育教师培训绩效评价中，综合评价与重点评价的有机结合能促进绩效评价内容的完整性。

三、形成性评价与总结性评价相结合的原则

从软系统分析理论的观点分析体育教师培训绩效评价，形成性评价与总结性评价，一个是从局部看问题，一个是从整体看问题。教师培训绩效由几个层次绩效组成，它们之间存在着一定的逻辑先后关系，高层次绩效实现的基础是低层次绩效顺利完成。因此，对培训绩效展开形成性评价，可以为培训的管理者提供各个层次的绩效情况，并针对各个层次进行相应的改进。而总结性评价是对绩效的总体情况进行评价。教师培训绩效由多个部分绩效组成，它们共同构成了总体的绩效。各个部分绩效的评价，按一定的权重关系，构成了总体绩效评价，让管理者对整个培训绩效有个总体的认知和把握。

四、即刻评价与追踪评价相结合的原则

培训迁移理论认为，受训教师在培训完成后，要对受训内容进行消化与吸收，内化成自身的知识，但这并不意味着培训绩效完全体现出来，它还会在工作岗位中，通过受训教师的教学对学生的体育运动观念、身体素质、学校的体育活动等形式展现出来。这就要求在培训完成后，要对培训进行追踪评价。只有做到培训即刻评价和追踪评价相结合，才能掌握培训绩效的全貌。

五、系统性评价与可操作评价相结合的原则

中小学体育教师培训系统是由若干个绩效综合而成的一个有机系统，各个绩效子系统必须通过相应的指标才能反映出来，这就要求所建立的绩效评价指标体系必须具有足够的覆盖面，能够反映中小学体育教师培训绩效的系统性。同时，绩效评价体系并不是绩效评价指标的简单堆积，为了清晰明了地评价，应该按一定的逻辑合理地将评价指标分为目标层、准则层与指标层等若干层次。系统性原则意味着绩效评价指标体系要能够反映充分的信息量，各个评价指标互不交叉，相互独立，构成一个多维空间，空间中的每个点都对应着体育教师培训绩效的一种状态。由若干个相互独立的指标构成一个指标群，反映中小学体育教师培训绩效某一个方面的实际情况，若干个彼此独立的评价指标集合成一个完整的评价指标体系，用来评价中小学体育教师培训绩效的整体水平。在系统性原则的基础上，要兼顾指标的可操作性原则。评价指标体系建立的直接目的是对实际的中小学体育教师培训绩效展开评价，这就要求所确立的指标体系要充分考虑指标采集、识别和计算的可行程度，评价过程避免烦琐，利于掌握和操作。“可操作”主要包括以下几个方面的内容：1）数据资料易获取。对于培训的一些后期效果，采取档案袋法进行获取。2）数据资料可以量化。即定量指标数据要保证其真实性、有效性和可靠性，而定性指标和经验指标应尽量少用，或尽量选取那些能通过专家间接赋值或测算予以转化定量数据的定性指标。3）指标尽可能少而精。即尽量避免形成庞大的指标群或层次复杂的指标类，按照评价指标体系的确立经验，指标控制在30～40个为宜[①]。

第四节　中小学体育教师培训绩效评价的客体和主体

一、中小学体育教师培训绩效评价的客体

评价客体，简而言之就是评价行为的实施受体，即评价对象或被评价方。体育教师培训绩效评价的客体，无疑是培训绩效，从软系统分析理论的角度而言，培训绩效可以看作是一个系统，这个系统可分为两个亚系统：培训完成后

①李科. 行业协会绩效评价研究［M］. 武汉：武汉大学出版社，2013：132.

的即刻绩效和培训完成的后期绩效。

（一）培训完成后的即刻绩效

培训完成后的即刻绩效是指在培训完成结束后，立即体现出的绩效。它的表现形式主要包括两方面：一方面是受训体育教师对培训整个过程的总体感觉；另一方面是受训体育教师从学习的角度，感知对自己知识、能力、情感态度和价值观的影响。

（二）培训完成后的后期绩效

培训完成后的后期绩效是指在培训完成结束后的一段时间内——按照惯例，一般为3个月内——所体现出的绩效。它的表现形式是受训体育教师对培训知识内化后，在自身工作中的表现，同时也表现在对同事的影响、对学生教学的影响、对学校的影响。

二、中小学体育教师培训绩效评价的主体

绩效评价的主体是指评价行为实施的主体。具体由谁进行评价，是实施绩效评价前需要认真思考的问题。评价主体的正确选择是绩效评价体系有效实施的先决条件，它是决定绩效评价系统客观性和真实性的一个重要因素。

（一）绩效评价主体的类型

中小学体育教师培训绩效作为客体，由于与培训绩效存在着众多的利益相关者，所以多个利益相关者有权利对体育教师培训绩效进行评价。因此，对体育教师培训绩效进行评价的主体有以下几种类型。

1. 受训体育教师评价

受训体育教师作为接受培训的当事人，是培训的全程接受者，由于自始至终都在受训，对培训有最直接的感性接触，理应对培训绩效有发言权。受训体育教师作为评价主体，其优点主要表现在：一是受训体育教师作为培训受教育者，他们对培训的各个环节了解比较全面，掌握着培训各个环节的表现，能分

辨出优点与不足，并能从体育教师专业能力发展的角度来分析教师培训绩效；二是受训体育教师都经过体育教师职业学习，有较强的体育专业知识和教育知识基础，并且有一定的体育教学经历，能分辨出作为培训绩效组成部分的课程内容、培训实施、培训师资等的好坏。同时，受训体育教师评价的缺点：受训体育教师的专业知识基础不一样，存在个体差异，培训需求差异化，因此即使身处同一个培训，对培训的绩效也会有不同的见解。

2. 学校的上级评价

学校的上级评价是指受训体育教师的工作单位领导对培训绩效进行评价。受训体育教师完成培训以后，要返回工作单位进行工作，他们在培训过程中所习得的知识要学以致用，要在工作中体现出来，为学校的体育相关工作带来一些积极改变。学校的上级能掌握受训体育教师在学校的整体工作表现，以及为学校带来体育方面的成绩与贡献。因此，采用学校的上级评价，通过对体育教师受训后带给学校的体育专业方面的贡献，来评价培训的绩效。它的特点主要是上级对受训体育教师的工作情况比较了解，对受训体育教师的工作表现和工作成绩非常了解。其优点主要表现在：一是上级对受训体育教师每天的工作表现了解得比较全面，掌握着受训教师的工作表现和工作缺点，能从学校的整体利益来看待受训体育教师对学校的贡献，进而评价培训绩效；二是学校内上级对全校的绩效和发展负有直接责任，由上级进行培训绩效评价，可以较客观地掌握受训教师在工作方面的培训绩效。同时，学校的上级评价缺点：对学校的贡献的界定，会有一定的模糊，而上级与受训体育教师之间的日常接触，难免会产生一定的矛盾或者私人偏好，所以评价很可能会掺入个人感情，从而影响培训绩效评价的客观性。

3. 同侪评价

同侪评价是指受训体育教师所在的体育组或教研室的同事对培训绩效进行评价。一般而言，同一体育组的同事能够观察到上级无法观察到的某些工作方面，上级通常很难直接观察到的受训体育教师的工作表现，同侪评价就可以弥补其不足。由于同侪评价的角度比较宽泛，有较全面反映受训体育教师专业业务方面的能力。对于同侪评价而言，由于同事之间的工作关系比较紧密，对彼此之间的工作水平比较了解，因此能对受训教师在培训以后的工作变化做出准确的判定，从而评价培训的绩效。同侪评价的优点是由于在工作上接触频繁，对受训教师的工作水平非常清楚，能准确地感知受训体育教师在培训前后的知识体系、专业能力是否有所提升。同侪评价的不足之处是同事之间关系的远近、接触的频率等因素会影响他们对受训教师变化的评价，从而影响对培训绩效评价的客观性。

4. 学生评价

学生评价是指通过受训体育教师所授班级的学生，对培训绩效进行评价，其方法是对受训体育教师的授课表现进行评价。学生处在受训体育教师的教学工作中，最能直接感受受训教师的教学工作情况，感知在受训完成后，教师的教学水平、教学组织、知识体系的变化。学生评价的优点是学生更能直观地觉察到体育教师教学的改变，他们最能反映受训教师教学工作中的表现。而缺点是学生会担心对教学提出负面评价后，可能会遭受批评，常常做老好人，只看教师的优点，忽视教师的缺点，导致评价失去客观性。

5. 专家评价

专家评价主要是指邀请体育专业造诣高、培训经验丰富的专家学者对培训绩效进行评价。其特点是需要结合某些特定的行为过程，如体育专业知识考试、技术展示等，评价受训体育教师在这些过程中表现出来的知识、能力水平，以此来评价培训绩效。专家不但拥有评价方面的专门经验与技术，也具有深厚的学科知识素养，能从专业的角度，迅速分析出培训中的不足。缺点是专家是对培训的整个绩效进行评价，因此他们要跟随整个培训周期，所以花费时间较多，同时也增加了聘用专家的费用。

6. 360° 评价

360° 评价是将各种评价方法综合运用到体育教师培训绩效评价中。由于不同的绩效评价主体在评价体育教师培训整体绩效的不同部分绩效时，有不同的效力，所以360° 评价可以获取一个最全面的绩效评价结论。360° 评价具有以下优点：通过开展评价，培训的决策者可以获得来自多维度的评价主体对培训的评价意见，从整体上全面了解培训绩效的信息，以作为制订下次培训绩效改善计划的参考；不同的评价主体分别使用不同的评价量表，从自己最熟悉的角度对培训绩效进行评价，可以较好地解决评价过程中由于评价维度的缺失而造成的评价偏差，所以更容易得到认可。但是360° 评价也存在一些问题：综合各方面的信息增加了系统的复杂性，增加了评价的时间和资金，并且有可能产生相互冲突的评价——尽管各种评价在其各自的立场是正确的，并且参与者之间需要高度的信任且对他们进行必要的培训。

（二）培训绩效评价主体的选择

在培训绩效评价中，评价主体的选择关系到评价的最终结果。在设计绩效评价体系时，评价主体与绩效评价内容相匹配是一个非常重要的原则。一般而言，选择评价主体应该注意以下几个方面。

1. 广泛全面性

实践表明，对于同一个评价客体，如果在不同范围内征询人们的评价观点，可能得到不一致的评价结论。这属于正常的现象，因为不同的群体不仅自身素养有差异，对体育培训绩效的熟悉程度、评价的视角、价值观点，以及情感都会有所不同。通过比较不同范围和不同层次人们的评价意见，分析其中有哪些相同，哪些差异，以及什么原因导致了观点的异同，能得到更为全面、客观的评价结论。

2. 熟悉了解

评价主体应该熟悉了解体育教师培训绩效的情况。了解内容不仅包括体育教师专业成长、胜任能力、交往方式、工作交往关系密切，还包括体育教师培训绩效的组成内容。例如，受训体育教师只有了解了他们专业成长所需要的专业能力，才可以对某一培训的绩效作出评价；只有在学校同一体育教研组的教师，才有可能感受到受训体育教师的变化。

3. 差异性

对于培训绩效的相同部分评价，由于评价主体是由若干人组成的群体，对于他们而言，应该是自身素质、文化程度、对评价要求的理解和评价标准的把握差异性不大。如果对体育教师培训绩效评价的评价主体根本不同，即使评价指标相同，评价结果也往往差异性较大。

4. 平衡性

强调评价主体要广泛全面性，他们对培训绩效熟悉了解程度可能会有不同。因此，在实际操作中，必须因地制宜，根据具体的操作环境，侧重某一方面要求，同时又兼顾其他方面的要求，而且要考虑评价主体人员分布情况、组织评价的实施力量、时间与地点安排情况，对其教学工作的影响等因素，合理确定培训绩效评价主体。

第五节　中小学体育教师培训绩效评价数据的收集方法和衡量方法

体育教师培训绩效评价的前提是要准确、及时收集与绩效相关的数据，以便为决策者、组织者提供判断依据。体育教师培训绩效评价数据采集方法主要包括访谈法、问卷调查法、现场观察法、测试法和档案袋法。

一、数据收集方法

（一）问卷调查法

由于体育教师培训大多数是短期培训，受训教师培训完成后，会立即返回工作岗位。要对培训绩效进行评价，必须要掌握大样本数据。问卷调查法在培训绩效评价中使用时，会体现出以下优点：成本低，便于获取大样本数据；可以在匿名的情况下完成，可信度高；填写问卷者可以从容作答；便于大样本信息收集；便于归类整理和统计分析。同时，问卷调查法易于快速评价关于培训事实（存在性事实、行为性事实）、态度倾向（评价性意见、情感性意见、认同性意见和认识性意见）等方面的数据。问卷调查法在培训绩效评价中可以实现评价的合理性和客观性，因此是运用最广的数据收集调查方法。

问卷根据事先确定的评价指标体系，设计问卷的内容，测定受训者对培训绩效的观点，通过对调查问卷定量定性分析，促使对教师培训绩效的评价得出较为全面的结论。问卷的设计通常有两类：一类是开放式问卷；另一类是闭合式问卷。但在培训绩效评价中，只采用闭合式问卷，让受训教师对各个绩效指标选项进行选择。由于问卷便于迅速填答和用于分析，因此闭合式问卷调查法是教师培训绩效评价常常采用的收集数据的方法，常用于受训教师对培训实施、培训设计、整体培训效果等方面的态度和反应。

问卷调查法也有其缺点：对于阅读和理解能力欠缺的群体难以施测和无法保证问卷回收率。对于第一种情况，首先考虑的是问卷设计中使用语言的合理性。体育教师培训绩效评价中，可能由于评价主体的需要，会对学生和家长进行问卷调查，如果使用太专业化的体育术语，学生和家长会难以理解，产生错答。这就需要对问卷使用语言进行斟酌。其次是问卷发放者要进行现场指导，对填写者进行详细的解释。对于第二种情况，则可以通过填写者的主管方敦促其认真填写并及时提交。

（二）访谈法

访谈法作为一种质性研究的方法，由于其具有灵活性，可以进行解释和澄清，能深入了解重要信息，因此这种方法可以对绩效评价的信息作深入挖掘，获得真实有效的数据，可以作为价值评判的重要依据。访谈可以由受训教师的主管人员进行，也可由培训的组织方专业人员进行，还可以由第三方人员进行。访谈在民主、平等、愉悦的气氛下进行，可以在极短的时间内得到反馈信息，能够获得调查问卷法、测试法等方法无法获取的信息。访谈者可以根据评价指标体系，制作访谈提纲进行访谈。通常，大家熟知的访谈形式包括结构式访谈、无结构式访谈和半结构访谈。但在培训绩效评价的访谈中，由于要获取绩效某个指标的评价结果，具有明确的指向性，而结构式访谈是有明确的问题，设计好的访谈方案和相对标准化的记录形式的特点，所以在培训绩效评价中通常采用结构式访谈。

访谈法在绩效评价时虽有很多优势，但同时也具有一些缺点，如样本量小、成本较高、需要花费较多的人力。因此，访谈法会与其他信息采集方法配合使用，同时采用抽样式访谈。

（三）现场观察法

现场观察法是评价者深入受训体育教师教学现场，通过眼、耳等感觉器官和录像录音等辅助工具，考察受训体育教师在实际教学中体现出的教学水平，感知培训后体育教师所出现的改变，获取一些具体、直观、真实的信息来反映培训绩效水平。评价者可根据整体的评价条件，选择定量观察法和定性观察法两种方式。前者是以结构化的方式收集资料，并且以数字化的方式呈现资料的课堂观察；后者是以质化的方式收集资料，并且资料以非数字化的形式呈现的课堂观察。为了达到观察法的效果，要精心挑选观察员，观察者一般要受过较系统、全面的培训，并且熟悉体育教学，另外，知晓如何解释和报告他们观察到的现象，进而对教学进行客观评价，为培训绩效评价收集可信信息。

（四）测试法

测试法是借用测试工具（试卷、教学技能测验和其他量表）对受训体育教师的知识、技能等方面的情况进行测量评价，主要考核受训体育教师在培训期间所学习的理论知识、教学技能、体育技术动作的掌握程度。通过对培训内容的相关笔试或者现场模拟，收集培训绩效的关联数据。笔试在培训完成后的一定时间内，一般在整个培训项目完成后即刻进行，一般分为客观题评价和主观题评价，客观题是评分客观，而主观题可以让受训教师自由发挥，它的题型包括体育教学观点论述题、体育教学设计等题型。现在笔试一般采用客观题评价和主观题评价相结合的方式。现场模拟主要是对表现性技能的评价，从受训教师的教学技能、体育技能的掌握程度进行绩效数据收集。基于测试法容易施测、容易评分、测试结果容易量化比较，可大面积进行采样。但测试法仅适用于对培训中体育基础理论知识、简单的体育教学和体育技能方面进行测试。

（五）档案袋法

档案袋法是通过对受训体育教师的体育业绩的记录，来获取部分绩效评价的数据，档案资料包括纸质资料、数字化资料，即受训体育教师工作影像资料和工作记录。这种方法主要用于追踪评价数据的获取上。它的优点是可靠、客观、可以准确追踪、信息内容涵盖面广；缺点是档案资料并不完善。

综上所述，对于体育教师培训绩效评价信息的收集有多种形式，每一种形式都有优点和不足，因此，根据实用主义理论中“没有最好，只有适宜”的原则，在选择评价信息的收集方法时，要考虑到不同的绩效层次，针对不同层次的绩效，采用不同的收集方法，发挥出收集方法的综合优势。

二、衡量方法

不同的衡量方法设计思路不同，实施的途径不同，误差的程度会有一定的差异。一般而言，误差越小的衡量方法，途径越复杂，所需要的人、财、物的投入就越大。培训绩效衡量的方法根据是否设立对照组、是否从培训前和培训后两个方面进行考虑，可以分为以下几种方法[①②]：1）简单衡量方法，它是在培训完成后仅仅进行一次评价，没有设立对照组。简单衡量方法的优点是，由于少了对照组，工作量减少一半，因此易于操作、较快得到绩效评价结果。2）前后衡量方法，它是在培训前与培训后各进行一次测试，进行两者的比较，两者的差距即为培训所导致的绩效。3）后测—对照组方法，它是分别设有受训组和未受训组，但两组不在培训前进行测量对比，只是在培训后进行测量对比。两组间的差异归因于培训。这种方法的缺点是对受训教师培训前的水平没有测评，很难评价到真正的培训效果。4）对比衡量方法，它是先采用随机抽样的方式确定受训组和未受训组，一段时间后在同一时间内对受训组和未受训组分别进行测评，如果受训组在培训前后有显著性差异，而同时未受训组没有差异，培训的绩效便可以证实。对比衡量方法虽然比较复杂，但是由于它更为准确，更为人们所接受，较适合在组织中对培训效果进行评价。5）所罗门4组，它是由所罗门（Solomon，1949）创造。顾名思义，它由4个小组组成，分别包括两个受训组和两个未受训组，每组都是由随机抽样决定的。其中，受训组接受前测和后测，未受训者则无前测，只需要后测。如果受训组所测得的结果好于未受训组，这提示培训很可能具有好的绩效。如果受训组之间对比，两者结果没有显著性差异，并且未受训组的结果也没有显著性差异，则提示培训测验没有缺陷，测验本身没有影响测验的结果。因此，所罗门4组不仅能检测培训绩效，也能够预防测验缺陷。6）多重衡量设计方法，它是一种较为精确的衡量方法，是在培训前评价多次，取其平均值，在培训后评价多次，取其平均值，两个平均值之间的差距即为培训效果。因其衡量方法是多重的，准确性会提高，但由于衡量次数太多，实操难度会加大。

不能说以上哪一种衡量方法是最佳的，对于体育教师培训绩效评价而言，由于体育教师培训没有一个固定的模式，体育教师培训绩效评价具体采用哪一种衡量方法，要视实际情况而定，不仅要考虑到人力、物力、财力，以及可操作性的问题，而且要综合考虑以下几个因素：1）要利用绩效评价结果修改培训项目。2）培训成本的确定取决于多个指标。3）具有设计和分析有关培训绩效评价研究的专业人员。4）绩效评价有时间保障。

①何建华. 农民工职业培训绩效衡量［M］. 北京：知识产权出版社，2012：36-39.

②莱斯利·瑞. 培训效果评估［M］. 牛雅娜，译. 北京：中国劳动社会保障出版社，2003：108-147.

第三章　中小学体育教师培训绩效评价体系构建

第一节　中小学体育教师培训绩效评价体系的构建步骤

一、构建总体思路

指标体系的设计过程主要为以下几个部分：评价模型遴选、指标遴选、赋值权重、指标标准，具体的设计步骤如图3-1所示。

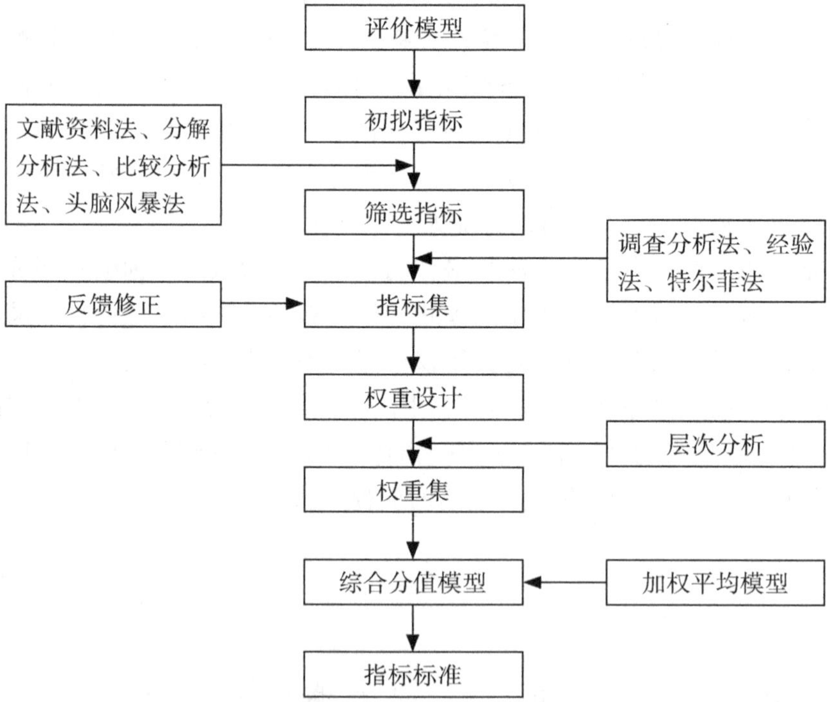

图3-1　中小学体育教师培训绩效评价体系设计框架结构

二、评价模型

评价要取得成功就需要借助好的评价模型。一个评价模型主要是提供系统化思考的指导方向并协助有效地解决问题①，为评价指标体系搭建整体的框架结构。对于中小学体育教师培训绩效的评价模型，它不仅要反映出培训的全面绩效，并且模型内部要有严密的逻辑性。

三、指标集的设计

在评价模型确立的基础上，再进行指标的设计。在评价过程中，要对体育教师培训绩效的各个方面或者各个要素进行评价，而指向这些方面或者要素的概念就是评价指标。体育教师培训绩效评价指标集的设计就是对培训绩效评价维度的细化，它是进行绩效评价的基本要素和重要环节。评价指标体系的构建可分为两个步骤，首先是评价指标的初步确立，然后是评价指标体系的进一步完善。1）初选评价指标。指标体系的建立主要是在评价模型确立的基础上，对模型下的各个指标的选取及它们之间逻辑关系的确立。就一个复杂系统而言，它隶属指标的选取和指标关系的确定并不是一件轻而易举的事情，它要在具有系统视野的前提下，不仅要求熟练掌握理论，还应该具备一定的实践经验。因此，在初步确立指标前，要大量查阅文献，对培训所涉及的各个方面进行详细的调研，然后从评价的目的和原则出发，充分考虑到评价指标的完整性、实用性、稳定性以及评价方法的可操作性。由于教师培训绩效存在某些很难量化的方面，因此，指标体系的建立过程应该是定性分析和定量研究的相互结合。评价指标的初选采用文献资料法、调查分析法、逻辑分析法，将度量目标分为若干层次、若干部分，并逐步细分，直到每一部分可以用具体的统计指标来描述、实现。2）筛选评价指标。初步设计评价指标整体框架后，再通过特尔菲法，收集多方面的反馈意见，对指标进行修正和取舍，最终形成评价指标体系。

四、权重集的设计

在综合评价中，由于各个指标在整体评价指标体系中所发挥的作用不同，

①戴锡莹. 柯氏成效评估模式对教师信息技术培训评估的启示［J］. 电化教育研究，2003（12）：55-57.

因此要对指标进行权重的设计。权重值代表单个指标在整个评价指标体系中的重要程度。权重值的科学合理与否直接影响着最后的评价结果。因此，中小学体育教师培训绩效评价指标体系中各个指标权重值的确定，都会影响培训绩效结果的真实性和客观性，进一步影响到对培训中各个环节的判定，并且最终影响到改进的建议和提高的策略。在本研究中，根据对各级指标的分析研究和特尔菲法中的评分，运用模糊数学法和层次分析法进行指标权重设计，形成指标体系的权重集，并进行反馈修正。根据权重集，进行数学建模，采用加权平均法来计算综合分值。

五、指标标准

标准就是衡量事物的依据和准则。指标标准是对指标进行说明，是评价主体在评价活动中应用于评价客体的价值尺度和界限，是相对于评价准则所规定的方面，所确定的优良程度的要求，是事物质变过程中量的规定性，它是评价指标、权重系数之后又一影响评价结果的重要因素，为培训绩效评价指标的评定提供依据。体育教师培训绩效评价作为一个完整的综合评价，是一项复杂的统计活动过程，同时也是一个定量的思维过程[①]，仅有指标集和权重是不够的，它们只是解决了评价的具体内容，只是“质化”，还没有实现“量化”，只有使绩效评价有了衡量的依据即评价的标准，才能清晰地进行评价。

第二节　中小学体育教师培训绩效评价模型构建研究

一、模型构建方法

本研究主要采用解释结构建模方法来构建中小学体育教师培训绩效评价模型。构建绩效评价模型的主要步骤包括：首先，综合分析国内外已有绩效评价模型的优缺点和适用范围，为构建中小学体育教师培训绩效评价模型提供参考、借鉴。其次，分析国家级中小学体育教师培训绩效的内涵，这是构建绩效评价模型框架的基础。再次，在相关理论分析和前期培训实际调研的基础上，从受训教师隐性绩效和显性绩效、受训后的辐射效应等界定模型的维度。最

①苏为华. 多指标综合评价理论与方法问题研究［D］. 厦门：厦门大学，2000.

后，征求专家对模型框架的意见，进行修改，最终建立国家级中小学体育教师培训绩效评价结构模型。

二、国外经典绩效评价模型述评

（一）柯克帕特里克评价模型

1959年，在美国著名的威斯康星大学任职的柯克帕特里克教授提出了四层次培训评价模型，具有开创意义，迈出了对培训绩效施行规范评价的第一步，被学术界公认为具有标志意义的培训绩效评价模型。

柯氏模型也可理解为是从受训者的反应、学习成果、工作行为和工作绩效来展开培训绩效评价。这个评价模型让收集评价信息的门类渠道非常清晰。第一层次评价受训者的反应，是指向受训者对所受培训的满意程度。即受训者作为培训的对象，在培训整个过程中的一种主观感受、态度和意见，他们的这些反应可以作为评价培训绩效的素材。受训者对培训的反应涉及培训的各个方面，如培训目标是否合理、培训内容是否与培训目标契合、培训内容是否实用，培训方式是否得当、培训方法是否有效、培训师是否具备相关知识，能否把他所掌握的知识有效传授给受训者。这个层次关注的是受训者对培训的感受，它主要反映受训者对培训的具体实施情况的整体满意程度，但是即使是受训者对培训有着积极的反应，也不能测查培训是否实现了既定的培训目标，因此反应层被认为是培训绩效评价的最低层次。第二层次评价学习成果，是衡量受训者对知识、态度、技术、技能的了解与吸收程度等。培训是一种学习知识和技能的活动，受训者在培训中所获得的知识水平、所掌握技能的程度等，可以反映出培训的实际效果。第三层次评价工作行为，评价受训者接受培训后行为的改变程度，即受训者是否在经过培训后，在实际工作中运用了培训中的知识。这也就是确定从培训项目中所学到的知识、态度、技术技能多大程度上导致工作行为的改变和提升。培训的目的是提高受训者的工作绩效，因此受训者在培训过程中获得的知识和技能能否迁移，有效地把培训的学习成果应用到实际工作，是评价培训绩效的重要标准。第四层次评价组织绩效，评价培训是否改进了组织绩效，即对组织绩效的改进影响。这个层次是被认为最难评估的，因为影响组织绩效的因素是多元的。

柯克帕特里克评价模型的四个层次就培训绩效评价旨在解决四个方面的重要问题：1）受训学员对培训本身是否感到满意？2）受训学员在培训的过程当

中了解、理解、掌握了什么，学习到什么？3）经过本次培训，受训学员的行为在哪些方面产生了变化？4）受训学员的行为变化对企业是否产生了良性的影响。并且，培训绩效评价是一个紧密联系的链锁过程，前一个评价是后一个评价的基础：对培训活动本身满意程度的评价是最为基础的环节，因为培训活动影响着学习活动；针对学习活动的评价则是对培训所学知识和技能的实际运用；对于知识和技能应用的评价则是培训结束后，评价组织绩效改变的前提。

柯氏模型采用了系统论的观点，它从培训的整体考虑，具有科学性。当然它也有不足之处：1）它以受训者作为培训评估的对象，考虑的影响因素不够全面，评价不够客观，因素的确定避免不了有主观成分；2）通过单个人的描述来获得数据，但是因个体理解的差异性，容易造成混乱①。

（二）考夫曼评价模型

考夫曼作为世界上公认的绩效评价奠基人之一，他关于绩效评价的理念蕴涵了对道德和社会层面的思考。考夫曼在高度肯定柯克帕特里克评价模型的同时，也对其进行了批评，指出其不足：缺少了对成本的考量及对社会责任的应答。因此在柯克帕特里克评价模型的基础上，注入了对绩效理念、模型的修正，将其从四个层次变为五个层次，即反应层、学习层、应用层、组织产出层、社会效益层。

考夫曼对柯克帕特里克评价模型进行了两处修改，一处是将柯氏模型的第一层反应层扩展为两个部分，除了原有的培训反应的评价外，还增加了培训的“投入”状况的反应，即对培训所需要的人力、物力、财力等多种投入资源的实用性、可靠性和有效性的反应。另一处是增添了一个新的层次——“社会效益”层次，主要任务就是评价员工培训后社会与客户对组织的反映状况，以及组织产生利润的社会结果，其理论依据是培训产生的结果不应限于对本组织有益，它最终作用于组织所处的环境。

我们可以看出，考夫曼评价模型认为对人力、物力、财力投入的反应是非常重要的，因为它的实用性、可靠性和有效性与培训项目的顺利开展有着密切关系。另外，考夫曼评价模型的第五层次所关注的“社会效益”比柯克帕特里克评价模型仅限于企业组织内部的评价有所突破，评价的视野扩展到了对组织周遭环境所带来的影响以及对社会所带来的价值，这个层次的评价不仅使得培

①陈加伟.“国培计划”小学科学骨干教师训后绩效评价的研究［D］.赣州：赣南师范学院，2015.

训绩效评价高度上了一个台阶，促使评价更加完善，趋于完整，同时也很好地回应了培训项目开展的社会期盼与社会认同。

（三）霍尔顿模型

霍尔顿提出应该用更大的视野来设计职业培训评价模型，使培训绩效的各个部分的逻辑关系更加清晰，便于理解各个层次的因果关系，并且易于对培训绩效作出诊断。他提出了学习、个人绩效、组织绩效为假设结果，构建了评价模型，即认为培训有三个主要的绩效，分别是学习、个体绩效和组织结果。它们之间是递进关系，受训者通过培训学习到新的知识、技能，然后运用到实际工作中改变了他的绩效，并进一步导致组织绩效发生改变。随着在实际中的运用和研究的进一步深入，霍尔顿对自己提出的绩效评价进行进一步的完善，加入了对三层绩效影响因素的考量。在对学习绩效的影响因素中，提出了受训者的特征、学习态度和对培训内容的偏好。在个体绩效层面，强调了迁移动机、迁移气氛、迁移设计三个因素会影响培训迁移，只有当这三个因素处于合适水平时，学习才会改变个体绩效。

由于测量模型中各构成要素工具的缺失，例如，组织绩效因素无法明确地界定，导致通过霍尔顿模型进行培训绩效评价的操作性不强。

三、企业培训绩效评价模型比较分析

教师培训与企业培训同属于在职人员的专业发展，而企业注重培训效果的评价，对探析具有相同评价属性的体育教师培训绩效极具参考价值。

（一）菲利普斯五级评估模型

菲利普斯认为企业培训评价模型应该有所扩展，包含五个层次：反应和行动改进计划、学习、学习成果在工作中的应用、企业经营业绩、投资回报率，这五个层次的核心是将培训项目所带来的货币利润与其成本进行比较。1）第一级评价是反应和既定的活动。它所评估的是学员的满意程度，同时还有一个有关于学员如何应用所学知识的清单，多数组织都实施一级评估，即通过课堂反馈（如课堂气氛、受训者课堂活跃程度等）、抽查受训者的课堂笔记和同受训者的交谈等途径可以了解到受训者对培训活动的反应，以确定其对培训内容是否感兴趣，培训方式是否合适和培训中所传授的知识与技能在工作中是否有用等，这样便于培训人员及时改进。2）第二级评价是学习。测试受训者是否真正学到知识也是一种评估办法。在一个培训项目开始之前应对受训人员进行知识和技能考核，并且这些知识技能还应在培训后按同样的标准再次测试，通过比较培训前后受训者的成绩，可确定其进步程度。所采用的具体的方法可以利用测试、技能实践、角色扮演、情境模拟、小组评估等方法。3）第三级评价在工作中的运用。评估的重点是学员应用培训知识后对组织产生的影响。这一级对评估培训内容的运用是否成功至关重要，但这仍无法保证培训会对组织产生积极影响。所采用的具体考察方法主要有关键事件法、实地观察法。4）第四级评价是结果。评估标准包括产量、质量、成本、时间和客户满意度。对培训结果的评估主要是测量培训的效益性，即衡量培训成本是否合算，利润是否大于成本。对培训效益的评估可采用成本收益评估法。培训的效益包括培训工作给企业带来的经济效益和培训的社会效益。培训的社会效益是显而易见的，但却难以量化。培训给企业带来的经济效益可以用节约的成本和提高的产出增量来量化。5）第五级评价是投资回报率。将培训结果的货币价值以及培训项目的成本用百分比的形式表示。评价的重点是培训项目所带来的货币利润与其他成本进行比较。

菲利普斯ROI模型虽然没有像考夫曼评价模型有超越评价组织本身利益的视野，但它关注了培训项目的“经济学”意义，这一点非常符合企业追求经济利益最大化的本性。但是，由于菲利普斯评价模型过分强调经济回报率，而忽视了众多的隐性回报，因此，被后来的研究者及从业者所批评。

（二）汉姆布林模型

汉姆布林认为评价模型要对结果的成本进行评价，如果结果很好，但成本太高，也是对企业发展不利的。另外，所产生的结果对企业战略的影响也是一个不可忽视的问题。因此，汉姆布林模型在柯氏模型的层次结构上进行了修正，提出了反应、学习、工作行为、执行和组织目标五个层级的评价模型。第一层次为反应评价。这一评价可放在培训项目的进行过程中、结束后或者结束后一段时间进行，培训学员对培训相关因素的反应都被考虑在内。第二层次为学习评价。主要是针对学员的知识、技能和态度的评价。第三层次为工作行为评价。它主要是评价学员在受过培训后，学员在工作中表现的变化。第四层次为执行评价。主要是评价学员在培训完成后，对所在部门及整个组织带来的影响。这个阶段的评价主要是采用量化的手段，多数情况下，用成本—收益进行衡量。第五层次为组织目标评价，它是针对培训项目完成后，对组织营利的影响和对抗外界危机能力的大小进行评价。汉姆布林模型在评价培训绩效时，不仅考虑了培训效果的问题，还用经济学的专业视角，考虑了培训的支出问题，将培训给组织带来的收益与培训的支出联系起来，设计了培训绩效评价的维度。但是，由于培训给组织带来的收益有一部分是隐性的，难以测量，所以这个维度的测评会使测评结果低于现实结果。

四、教育培训绩效评价模型分析

在教育评价领域中，美国肯塔基大学教育政策与评价系的古斯基教授将柯氏模型引入教师专业发展领域。古斯基认为对教师专业促进的活动进行评价，大体上可以采用柯氏评价模型。但柯氏模型侧重培训效果的评价，考虑的因素不够全面，忽略了对活动外部因素的评价。所以古斯基主张增加组织的支持与变化这一层次，以检查为专业促进所采取的活动的组织支持和变化程度，包括政策、人财物等资源、校长或更高级别管理者的领导和支持等，对专业促进产生的影响。他进而提出了五层次对促进教师专业发展活动的评价模型，包括学员反应、学员的学习、组织支持和变化、学员对新知识和新技能的运用、学员所教学生的学习成绩①。

五、各类绩效评价模型对体育教师培训绩效评价模型构建的启示

柯氏模型、考夫曼模型、菲利普斯模型、霍尔顿模型等培训绩效评价模型评价层级的对比见表3-1。

表3-1　绩效评价模型的比较

模型名称	第一层	第二层	第三层	第四层	第五层
柯氏模型	反应	学习	行为	结果	—
考夫曼五层次模型	培训投入、培训本身反应	学习掌握	应用	组织效益	社会效益
菲利普斯五层次模型	反应	学习	应用	业务结果	投资回报率
汉姆布林五层次模型	反应	学习	工作行为	成本—收益	组织目标
霍尔顿模型	学习	个体绩效	组织结果	—	—

①Guskey T R. 教师专业发展评价［M］. 方乐，张英，译. 北京：中国轻工业出版社，2005：62-84.

尽管各类绩效评价模型对培训效果评价层级的划分不同，但涉及两个关键因素：一是培训内容的呈现；二是受训者消化吸收培训内容后的结果。结合对受训体育教师、培训师、中小学校长和体育教师培训承办方的访谈，征求他们对这两个关键因素的认识和理解，形成了绩效内涵的主要观点：一是培训内容呈现在受训者面前，受训者对培训的满意程度，以及他们对培训内容的消化与吸收。二是受训者完成培训后，个人思想和行为发生变化，以及这种变化对组织的影响。

通过对各种培训绩效评价模型的描述与总结分析，给中小学体育教师培训绩效评价体系构建的启示为：

1）绩效包含“学用一体”的过程。培训不但是受训人员单纯获取知识、技术、技能和情感态度的过程，还包括受训者对知识、技术、技能和情感态度进行迁移的过程，如果受训人员不能将培训所学运用到实际工作中去，将“所学”转为“所用”，就会导致部分绩效的缺失。

2）培训绩效评价的系统性。构成培训绩效的环节较多，培训过程中的每一个环节都会对绩效造成影响。任何单一的或阶段性的评价都很难得出客观、全局的结论。因此，在构建培训绩效评价模型时必须进行整体设计，不能忽略对各种绩效的评价，要掌握整体绩效。

3）目标评价是培训绩效评价的重点。培训活动是依据培训目标而设计的，在评价模型设计中要包含培训活动如何围绕培训目标实施培训情况的评价，还要涵盖培训目标的完成情况。

4）中小学体育教师培训绩效评价的框架思想可以借鉴企业培训绩效评价的分层思想，同时要立足于体育教师培训的特点，在绩效评价框架的命名中，要充分考虑培训对学校这一层面的绩效，也要考虑到体育教师培训作为准公共产品所承担的社会责任。

六、中小学体育教师培训绩效评价模型框架设计

（一）中小学体育教师培训绩效评价的内涵

中小学体育教师培训绩效评价的主要目的是通过评价这一方式加强教师培训的效益，改进教师培训的各个环节，优化教育部门对教师培训的监督管理，促进监督方式的科学化和规范化，增加培训组织部门、承办部门的透明度，强化社会对教师培训的监督，从而促进培训组织部门更好地实现其承担的社会责

任，诊断教师培训的效果，通过对绩效评价的反馈，加强培训环节的优势，改善培训环节的不足，更好地为社会提供优质的体育教学服务。

中小学体育教师培训绩效评价是运用一套系统和一定的程序和方法，针对已具备一定专业知识和技能的受训体育教师培训的绩效进行评价，由于体育教育的公益性和体育教育所产生的经济效益难以估量，对体育教师培训绩效评价往往关注受训体育教师的个人利益和与教师有联系的学生、同事、学校的利益，而不会过多关注经济效益，因此它更多是从受训体育教师的角度和与体育教师有联系的相关方面进行评价。在受训体育教师的角度，会以体育教师职业所要求的思想意识形态和行为标准来设计评价指标。在与体育教师有联系的方面，会考虑从体育教师所在的学校出发，体现出从体育教师这一社会角色，对体育事业相关方面进行具体指标设计。

（二）体育教师培训绩效评价的分层

体育教师培训绩效可分为四个层次。第一层次，承办方将组织好的培训项目施加于受训体育教师。第二层次，受训体育教师从培训过程中的习得。第三层次，受训体育教师将培训内容内化成自身的知识，产生思想、行为的变化。第四层次，受训体育教师自身变化后对周围的影响。本研究将评价的四个层次分别命名为反应层、学习层、个人层、利益相关者层。

1. 反应层

它是指受训人员对培训所做出的反应，即受训人员对培训的满意度，这是针对培训活动本身进行的评价。在体育教师培训中，受训体育教师首先是对培训做出反应，所以反应层这个命名对体育教师培训的评价模型同样适用。

2. 学习层

其内涵是在培训过程中，受训教师所学习到的知识、情感和态度价值观、技术、技能。虽然体育教师培训所学习的内容与企业培训有很大的区别，但都是学习，所以企业培训的这个层次命名可以借鉴到体育教师培训的绩效评价模型中。

3. 个人层

意指受训人员在经过培训以后行为的改变，其核心意思可以理解为受训人员将培训所学的东西运用到实践当中。而本研究认为，对受训人员的作用是采用培训这一方式，将培训所传授的知识、技术、技能转化为受训者自身的知识、技术、技能，主要是针对受训人员的个人影响。

4. 利益相关者层

在中小学体育教师培训领域，教师受训完成后，他们要回到工作岗位上从事教学工作，他们的行为将对周围的事物产生一定的影响，除了学校以外，也对组织成员即同事、服务对象即学生产生一定的影响，根据利益相关者理论，学校、同事、学生可以看成体育教师培训活动的利益相关者。因此，中小学体育教师培训绩效评价模型中，把第四层次命名为利益相关者层。

综上所述，本研究从中小学体育教师培训绩效的内涵出发，分析中小学体育教师培训绩效评价的特征，综合学习理论、教育评价理论及利益相关者理论，同时根据对受训体育教师、中小学校长、培训专家的访谈，最终把中小学体育教师培训绩效评价模型的一级指标定为反应层、学习层、个人层、利益相关者层。

第三节　中小学体育教师培训绩效评价指标体系的构建

评价指标体系的框架结构确定后，构建具体的中小学体育教师培训绩效评价指标体系就成为研究的当务之急。指标体系是绩效评价系统的核心构成要素，它直接关系到评价结果的客观性，关系到评价活动能否展开，关系到绩效能否得到改善与提高。科学的指标体系可以对绩效的不同角度、不同层次进行测量，反映整体绩效的同时，又可以反映重点绩效，最终改进和提高绩效。中小学体育教师培训绩效评价体系是基于因果关系的可持续发展的动态指标体系，是人们把握体育教学特征、科学测评教师培训绩效的真实水平、系统归纳总结教师培训绩效建设经验的重要工具。因此，根据体育教学特征、绩效内涵与结构特征，建立科学的绩效评价指标体系就显得极其重要。

一、绩效评价指标体系结构的遴选

不同的评价目的，会带来不同的评价指标体系结构形式，常见的评价指标体系的结构形式有以下几种：1）层次型评价指标体系。根据评价指标体系的目的需要，通过分析系统的功能层次、结构层次、逻辑层次建立相应的评价指标体系。2）网络型评价指标体系。在结构复杂的系统中，若出现评价指标难以分离或系统评价模型本身要求决定的时候，则应使用或部分使用网络型评价指标体系。3）多目标型评价指标体系。对复杂系统而言，追求单一目标评价，往往具有很大的局限性和危害性，通常应建立多目标评价体系。在多目标评价体系中，每个目标的评价体系可以是层次型、网络型甚至可以分解为多目标型。

由于中小学体育教师培训绩效分为多个层次，每个层次内部也有一定的层次划分，因此决定选用层次型评价指标体系作为其评价体系的结构。

二、评价指标的筛选方法

（一）经验选择法

经验选择法是对前人研究的指标进行细致地分析与判断，选出适合研究所需要的指标的方法，它一般建立在分析法与综合法的基础上，并实现对两者的综合运用。在构建中小学体育教师培训绩效评价指标的过程中，第一步，要明确中小学体育教师培训绩效是什么；第二步，对培训绩效进行逐级分解，知晓从哪几个方面进行评价，直到每一个目标可以用若干个明确的指标来反映；第三步，设计每一层次的子指标，并对指标体系进行完善。

（二）特尔菲法

应用特尔菲法对初步拟定的指标进行筛选，每轮专家意见征询过后都会对指标进行调整，然后再次征询专家建议，多轮征询反馈过后直到专家意见趋于一致，直到评价指标完全满足保留的条件，从而得到较高认可度的中小学体育教师培训绩效评价指标体系。

三、初选评价指标

（一）反应层各指标

1. 反应层下的一级指标

在反应层主要是检测培训对象即受训体育教师对培训项目开展的反应。在采用柯氏模型对培训进行评价时，都包括反应层。但反应层下所涉及的指标也各有差异。如在《河北省校园足球教师培训效果评价体系研究》[①]中，其反应层包括培训内容、培训实施过程、培训的保障条件及培训管理。在《基于多维度全流程的培训效果评估体系研究——以神华集团管理学院为案例》[②]中，其反应层包括培训内容、培训教师、培训服务三个方面。在《公务员培训效果评估体系研究》[③]中，其反应层包括培训教材、培训师资、培训方式、培训内容。《宁夏中小学教师信息技术应用能力提升工程培训效果评估——以银川市兴庆区为例》[④]中，其反应层为培训课程、培训师资、培训组织。

基于各位研究者在反应层下设指标的差异性，本研究认为反应层是对培训教学的反应，因此反应层下的指标可以从培训教学的要素进行考虑。李秉德等用系统论的观点指出，学生、教学目标、教学内容、教学方法、教学环境、反馈、教师是构成教学的要素[⑤]。培训活动是组织方为受训教师精心开展的，没有受训体育教师就没有组织培训活动的必要性与可能性。受训体育教师是培训活动的根本因素，他们是培训活动的服务对象。受训教师是培训的主体，如果受训教师不存在，那么培训活动就失去了意义。培训过程中受训教师处于主体地位，培训的绩效必须让培训活动作用于受训教师，通过受训教师的培训来显现。而培训活动是在培训目标的基础上，依据受训教师的成人特点和专业特征，组织方进行讲授内容的整合、培训形式的选择。在培训目标确定以后，就要围绕培训目标设计、开展整个培训。在各个培训承办学校申报体育教师培训项目时，所填报的申报书都是围绕培训目标填写的。教育部的教师教育司聘请专家对培训计划进行审批，只有符合培训目标的申报书，才可以承办国家级培训项目。因此，可以理解为培训目标已获得了顶层决策层的认可，故不应该列入反应层的下设指标。培训目标凭借什么去实现？在培训过程中主要是凭借教学内容，或者说是讲授内容，它是培训活动中最为实质性的因素，它是一定的知识、技术技能、情感态度、价值观等方面内容组成的结构或体系。培训内容是培训目标的载体。如果培训内容设置不能满足目标的需要，即使培训过程组

①魏兴利. 河北省校园足球教师培训效果评价体系研究［D］. 石家庄：河北师范大学，2016.

②高杰，范新. 基于多维度全流程的培训效果评估体系研究——以神华集团管理学院为案例［J］. 中国人力资源开发，2014（24）：38-43.

③刘雅静. 公务员培训效果评估体系研究［D］. 大连：大连理工大学，2007.

④李艳娜. 宁夏中小学教师信息技术应用能力提升工程培训效果评估——以银川市兴庆区为例［D］. 银川：宁夏大学，2017.

⑤李秉德，李定仁. 教学论［M］. 北京：人民教育出版社，1991：13-16.

织得井井有条也不可能达到目标。学历教育一般都有系统的教学进度，课程内容设置相对成熟。而属于非学历教育的培训一般要根据培训的目标、培训的对象进行灵活设置①。培训内容受制于培训目的，当然也受制于教育的发展和受训教师本身的发展。后两者不仅决定着培训的方向，也决定着培训的具体内容。而培训内容一旦形成后，就成为培训活动中最具实质性的东西，在整个培训中占有重要的地位。教师培训内容安排是否妥当，培训内容能否满足受训教师现实需求、解决工作中的实际困难，能否服务于地区教育，直接关系到培训质量的高低②。因此，培训内容是评价指标之一。

培训师通过什么使受训教师掌握培训内容，进而实现培训目标的？这只有依靠培训的实施。在培训中，培训的实施包括了广义的教学方法和反馈，而体现在培训中的反馈主要是对受训教师的评价考核。通过培训的具体实施，将培训内容转化为受训教师的知识、技术技能、情感态度和价值观，从而达成培训目标。因此相对培训活动而言，培训的实施也是评价指标之一。

任何培训活动都必须在一定的时间和空间条件下组织实施。培训环境是所有培训活动无法摆脱的，因此它是构成培训活动的一个要素。

此外，培训活动还有一个不可或缺的要素—培训师。在整个培训活动中是谁在指导受训教师的学习？是培训师。培训师借助培训内容，采用适当的方法，对受训体育教师进行培训。

通过以上分析，可以整理出培训活动要顺利地完成就应该包括受训教师、培训师、培训内容、培训实施、培训环境五个因素。

反应层所关注的是受训教师对整个培训活动的反应，即对培训师、培训内容、培训实施、培训环境的态度。因此，在反应层初步建立的一级指标就是培训内容、培训的实施、培训师资满意度、培训环境。

2. 反应层下的二级指标

（1）受训教师特点分析

由于具体的培训项目是依据培训目标、受训体育教师的特点来安排具体

①陈云，韩治，程永青. 南京开放大学学历教育与非学历教育沟通与融合初探［J］. 南京广播电视大学学报，2013（4）：5-8.

②茹红忠. 影响中小学教师培训效果的三大因素分析［J］. 教学与教学研究，2015（8）：40-45.

的培训内容、培训方式[①]。因此要对培训内容与培训方式相关指标进行分析和确定，首先要对他们的对象——受训体育教师进行分析。虽然受训教师本身就有很多分类，例如从时间变量来分有初任教师、成长教师、骨干教师、专家教师；从文化程度变量上可分为中专、大专、本科、研究生学历的教师；从职称等级变量上分为正高级教师、高级教师、一级教师、二级教师、三级教师[②]；从地域上分又有城市教师和农村教师。但他们作为成人受教育者，有共同的特点：1）较强的自主性。即行为主体不受外部条件的控制，根据自己的意愿决定自身行为的动机和能力，是对制约主体活动的因素所具有的独立、自由。受训教师在心理与社会方面从职前的依赖和他律阶段逐渐转变为职后的独立、自律阶段，在这一过程中已逐渐具有了自我决定性[③]。他们在工作中遇到了凭现有的知识无法解决的教学问题，使他们陷入了困境与迷茫。对于这些局面，他们表现得无所适从，急需通过外部力量来帮助他们解决困境，而培训正好可以满足他们。因此，培训中受训教师是以工作中遇到的问题为导向，以追求培训的实用性，即功利性为取向的特征，他们这个特征与青少年学习者有很大区别，广大的青少年学习者是通过学习，为将来的就业预备知识和技术技能。美国成人教育学家诺尔斯曾明确指出，青少年儿童进入任何形式的教育活动都抱着储备知识的心态，而成人学习者却抱着即学即用的思想，对于他们而言，学习的主要任务已不是预备知识，而是通过学习达到提高自身能力的目的，进而从容化解工作中的困境[④]。对于培训承办方提供的教学内容，如果他们感觉对于实际工作没有什么帮助，就会认定培训是无效的或者是低效的。由于培训对受训教师没有制约，受训教师往往不会违背心中的意愿，迎合外界的要求而进行非自主的学习。受训教师具有自我管理的独立人格，在培训过程中，他们具体做什么和应该采取什么行为去做的问题上，虽都表现出个体差异，但都体现出自主性。2）较强的能动性。能动性是行为主体在外界活动中自身能力的主动展示，是行为主体将外界的本质属性吸收到自身的认知体系中，形成并发展自身的能力，同时又将自身的需要通过客体反映出来，把意识形态的东西用物质形

①唐静，程云. 人力资源培训与开发［M］. 北京：电子工业出版社，2010：1.

②王辉. 论职称评审改革对中小学教师专业发展的影响［J］. 教学与管理：理论版，2014（7）：26-28.

③傅树京. 教师培训中培训者的作用及其运作［J］. 首都师范大学学报：社会科学版，2002（2）：63-66.

④马尔科姆·诺尔斯. 成人学习者［M］. 第七版. 龚自力，马克力，杨勤勇，译. 北京：北京师范大学出版社，2016：10.

式展示出来。受训教师具有教育工作经历，并已熟悉教育工作中基础知识、技术技能，他们机械记忆的能力较青少年有所下降，但是对培训工作中所涉及的各个环节的领悟能力、综合概括能力、判断能力较青少年有一定的优势。人的主观能动性是在实践活动中展现出来的，较之受正规学校教育的学生而言，由于培训过程中不存在扼杀创新思维的考试以及墨守成规的权威教学模式的行为，并且受训教师所具有的教育工作经验，使其能从整体上对体育教学工作更系统、更具体的认知和理解。这些认知和理解都有助于受训教师把个体发展与实际工作中的需要结合起来，并通过自我效能感确定自己在培训过程中的学习内容。因此，受训教师不仅有较强的培训动机，而且会运用工作环境，把培训中所学的东西运用在体育教学中表现出来。3）较强的创造性。人的创造性体现在用自己所掌握的方法和手段，把客体改造成自己所期望的存在形式。社会健康观念的深入，对体育认识的全面性、家长对学校体育的期望和体育中考的改革，以及体育教师职业复杂性，要求教师具有一定的创造意识和能力。体育教师不仅将学生、授课内容、教学方法、环境等纳入教学过程，并且还纳入了探索范围，试图将教学诸要素达到最佳结合状态，以及寻找到集体育知识、技能和能力发展于一体的体育课程和途径。受训教师受学校选派，充当“种子”的功能，使他们更具追求体育教学成功的意识和通过创造性的尝试使之成功的动力。因此，他们对培训抱有较高的期望，希望教师培训能满足他们的工作需求，缩短自身能力与工作能力要求的差距。此外，受训教师还具有双重身份——学习者和教育者。学习者的身份使其以学生的立场接受培训师的培训，而教育者的身份又使其从同行的视角关注培训师的表现及其培训的具体实施。上述分析表明，受训教师与其他受教育者有不同之处，所以要求培训师围绕受训教师的特点进行培训内容、培训方式和培训环境的利用，一旦它们之间的配合出现问题，那么培训针对受训教师的效果将会受到影响，最终会影响各个层次的绩效水平。

（2）培训师资方面的指标

一项针对某省教师培训组织方的调研中，81%的组织方认为教师不愿意参加培训的原因是基于培训师水平问题导致的培训效果不佳①。随着知识体系的扩大，我国对在职教师的要求不断提升，导致教师培训事业的迅速发展，在此情况下，特别是中小学教师国家级培训计划的执行，催生出很多培训师，虽然部

①吴卫东. 教师培训师：教师培训者的专业化目标［J］. 教育发展研究，2012（8）：71-75.

分培训师受到受训教师的高度认可，但部分培训师专业能力有较大欠缺，更有甚者，培训师被称为“砖家”或“伪专家”[①]。也许这些培训师本身具有很强的针对青少年学生的教学水平，但是对受训教师这一受训群体来说，其所具有的能力还不能完成培训中的任务。

对于培训师资下设的指标，在《浙江省“领雁工程”省级体育骨干教师培训现状及效果评价研究》[②]中，培训教师的指标有教学态度、教学目标、教学手段、知识技能水平、有效组织与管理、良好沟通、有效及时评价等。在《中小学教师教育技术能力网络培训效果评估初探》[③]中，关于培训教师的指标有态度、技能、对学生做出及时反馈等。李平认为培训教师从专业知识、表达感染、课堂管理三个方面评价[④]。徐雪文则从授课水平、知识功底、讲授时间合理性评价培训师的反应[⑤]。

关于培训师资方面的指标，本研究认为，教师知识水平意指教师拥有知识的多少，它是教师素质的重要组成部分。培训师知识水平作为培训的源头，是整个培训内容输入的开端。知识水平的高低决定了培训师有多少知识储备可以应对培训的需要，受训体育教师在实际教学中所面临的教学问题，往往是多种知识复合而成的，它不仅涉及教师自身的技术动作，也涉及教学对象——青少年儿童的生理、心理问题，还涉及教学方法、语言表达等方面的问题。只有培训师各方面知识储备深厚，才能从各个角度解释这个问题。另外，培训过程中，培训师可能会面对不同地域、不同学历层次、不同教龄的受训教师，这就要求培训师的知识水平能够满足受训教师的需求。在培训过程中，培训师与受训教师的教学互动、培训师的答疑，都对他们的知识水平提出了更高的要求。

教学态度是一种心理状态，是外部的刺激与培训师自身行为之间的相对稳定的中间变量。虽然“态度决定一切”这一说法太过夸大态度的作用，但不可否认态度的重要性。它是培训师对受训教师、培训过程及相关培训现象的内部评定性的心理倾向。由于教学态度是一种先定倾向，一般情况下，教学态度与

①赵永勤. 基于成人学习特点的教师培训者专业能力探析［J］. 当代教师教育，2013（3）：84-88.

②周而思. 浙江省“领雁工程”省级体育骨干教师培训现状及效果评价研究［D］. 金华：浙江师范大学，2011.

③乜勇，张慕华. 中小学教师教育技术能力网络培训效果评估初探［J］. 现代教育技术，2010（9）：58-61.

④李平. 基于柯氏模型的外企培训评估案例研究［D］. 苏州：苏州大学，2016.

⑤徐雪文. 中小学教师信息技术能力短期培训有效性研究——以浙江师范大学培训点为例［D］. 金华：浙江师范大学，2013.

教学行为具有高度的正相关，即有怎样的教学态度就会导致相应的教学行为[①]。培训师的教学态度会影响到培训工作中行为的表现方式，最终影响受训教师在培训过程中的学习行为和知识掌握程度。

在现实教学中，确实存在着一种现象，培训师本身具有较高的学历水平，也具有较高的职业素养，教学态度认真，但是培训完成后，一些受训教师反映培训内容没有听懂，这个问题可能在于培训师的教学能力。教学能力是教师各种素质的集中体现，它是教师能力的主体部分，是教师行业不可或缺的专业能力，也是培训师的核心和基本素养。教育经验与各种教育实验的结果都表明，培训师的教学能力水平是影响培训结果的关键因素。

沟通是一种特殊的社会现象。教育专家叶澜曾经指出，从形态的角度上看，教育源于人类的交往活动。在培训过程中，培训师与受训教师之间的沟通交流是不可或缺的。培训师的沟通能力是培训师为了达到培训目标，主要采用语言为主的方式交流思想、观念，获得认识上的同步，最终产生一致行为的能力。在培训教学当中，培训师不能自说自话，他要及时与受训教师进行沟通，才能及时得到教学的反馈信息，做出应对。另外，由于受训教师具有一定的创造性，对于教学中的问题会持不同的观点，而且培训内容可能满足不了他们工作的实际需要，他们会另外提出一些针对性问题。这就需要培训师具有良好的沟通能力。

就培训师资而言，培训师的知识水平、教学态度、教学能力和沟通能力四个方面决定着受训教师的培训效果。因此在培训师资方面下设了工作态度、知识水平、教学能力、沟通能力。

（3）培训内容方面的指标

由于没有指定培训内容，因此体育教师培训课程内容的选择非常宽泛，培训课程内容组合是否合理，培训内容是否满足体育教师教学的实际需求，在很大程度上决定了体育教师培训的绩效。而内容的设置要以受训教师的特点为基础。在研究者的实地调研中，部分受训教师表达了对培训内容的不满意：培训内容过于陈旧，与体育教学实际相脱离，以及实用价值不高。与职前体育教育课程相比，体育教师培训内容应该具有以下特点：1）实用性。体育教师具有较强的能动性，如果培训内容缺乏了实用性，当他们判断出培训师所讲授的内容不能解决他们所面临的教学问题时，会对他们的学习积极性产生影响导致

①陈沛．语文教师阅读教学理念与课堂教学行为差异的研究［J］．中小学教师培训，2017（2）：56-59.

学习行为偏差。受训教师在体育日常的教学过程中，无论他处在职业发展的什么阶段，都会碰到这样或者是那样的问题，他们放弃一些工作闲暇时间，不仅仅是因为喜好学习，更是因为要实现自身的价值，把教学工作中他们不能解决的问题通过培训得以解决，所以他们要求培训内容是以体育教师的工作实际为基础，培训内容与现实的体育教学贯通，所学培训内容可以迅速地投入使用。2）趣味性。虽然受训教师抱着实用主义的心态来接受培训，但是培训内容太过理论化，而没有具体的体育教学案例，会导致培训内容的太过乏味、无趣。受训教师一直处于体育知识的理论学习中，思想会较快进入疲劳状态，从而使教学效果大打折扣。爱因斯坦曾说过，兴趣是最好的老师。教学内容的趣味性虽是吸引受训教师学习培训内容的外在条件，但是它可影响受训教师学习的兴趣。先要用内容的趣味性，把受训教师吸引到培训中去。3）针对性。在培训内容上，组织方会给培训师一个大致的授课内容的范围，而不会给出具体内容的限制要求。由于体育教学所涉及的知识包括教学理论、体育训练技术、技能等内容，知识有很大的复合性，培训师从体育教学的各个知识点都能进行授课，有时由于问题针对性不强，所涉及的内容信息量太大，致使受训教师掌握不了培训内容的重点。因此，培训内容要指向性强，让受训教师一目了然地理解培训的内容是针对什么具体性问题。从而引发出他们的共鸣，诱发他们深入地思考。例如，指导受训教师设计好一堂高效体育课、如何上好青春期学生的体育课、如何培养学生健身兴趣等主题，这些能够有针对性地给实际教学中的困难提供解决方法或处理思路，从而不断提高教学能力和问题解决能力。李方等指出选取培训内容要具有针对性[①]。4）新颖性。如培训内容没有新颖性，受训教师吸收不到新的营养，培训所带来的专业成长绩效就不可能存在。体育从大的教育理念，如教学内容要由竞技型向健康型转变，到具体的由于中小学生的生理、心理发展与以前学生不同，导致的授课语言与教学方法都会有所变化。只有接受了新知识，才可为体育教学行为的改变创造条件。

因此，本研究把培训内容下面的指标设计为趣味性、实用性、新颖性和针对性。

（4）培训实施的指标

一个好的培训项目，实施才可以实现它的培训目标。首先具体的培训活动实施是对培训整体的任务量进行把握，再将其分解，按一定的进度，采取合适

①李方，钟祖荣，余新. 教师培训管理工具箱［M］. 北京：高等教育出版社，2010：17.

的培训形式进行培训内容的传输，最后对受训教师进行考核。

培训任务量，主要是指培训活动传授内容的多少。培训组织方从传授知识量的角度来说，自然希望是多多益善。培训师作为知识量的输入者，他们的知识体系也能完成这个任务，但是培训真正起到作用的部分是接收方，即受训教师接收的知识量。任务量太少，不能满足受训教师知识的需求，而任务量太多，受训教师则吸收不了。所以培训任务量安排是否适当也是影响培训效果的一个因素。

进度安排是指整体培训内容传授的快慢。内容传授的快慢与否，要根据受训教师的接受程度来决定。一个培训班次，体育教师群体无论是知识体系、经验，还是接受能力都存在着个体差异。所以培训师为了多数受训教师掌握某一知识点，要注意进度的把握。一旦进度没有掌控好，培训质量就会有所降低。

现在的一个培训活动往往分为几个板块，分别由不同的培训师完成，每位培训师根据自己教学内容特点选择合适的培训方式。培训方式是围绕着实现培训效果而进行的。其中培训方式采用最多的是讲授，其他形式还有研讨法、专题讲座、现场观摩。培训方式的多元化，不仅可以降低受训教师因培训方式单一化而产生的学习疲劳；另外，不同的培训方式，彼此优势互补，让培训效果达到最大的发挥。例如，现场观摩，受训教师通过直观感受，学习其他同行教学的优点，让自已教学实践能力加强。而研讨形式，使受训教师参与讨论之中，通过思想的碰撞，加深对问题的认识。讲授形式，培训师可以在相对短的单位时间内释放出更多的信息，让受训教师学习更多的知识。专题讲座可使受训教师所学知识更细化、更深入。

针对受训教师的培训成绩进行评价考核，作为培训活动的最后一个环节，既是对受训教师学习情况的一个整体评价，也是对他们在培训活动的终结性评价①。对于培训方而言，培训成绩评价考核是对受训教师学习促进的一种有力手段。培训成绩评价考核的形式有多种，如提交思想体会、出勤率、教学设计考试、说课等，以及要求在工作单位进行培训汇报，由单位评分。现在所采取的培训成绩评价考核往往是将几种方式混合，按一定的权重进行评价。培训成绩评价考核方式的合理性可以督促受训教师采取更为积极主动的行为。

因此，本研究把培训实施下面的指标预设为培训任务量、进度安排、培训方式、评价考核方式。

①蔡伟，张志坚.浙江省中小学教师培训适切性状况调查研究［J］.基础教育，2012（3）：74-81.

（5）培训环境方面的指标

实践表明，人类所有活动都离不开环境，人的任何活动都与环境紧密地联系在一起①。培训周围环境中的一切事物都可能作用于受训教师的感官，从而引起他们的心智活动和行为变化。在培训过程中，由于具体培训时间较短，受训教师相处的时间也并不长久，而且受训教师已具有稳定的心理特征，加之受训教师都是经过学校推荐，具有一定的思想觉悟和良好的学习动机，因此在培训环境方面的考虑上，研究者并没有把心理环境，如培训学习气氛、受训教师间的人际关系、社会交往等纳入考虑的范畴，而只是从物理环境的角度考虑培训环境。

教学条件是构成培训物理环境的主要因素，目前培训的主要形式还是教学，它是教学活动基础。教学条件主要有多媒体教学设备、图书信息资料、体育器材等，都是培训活动所必需的基本条件。作为培训环境的重要组成部分，教学条件不仅通过自身的完善程度制约和影响着培训的教学活动水平，而且以自身的外部特征给培训师和受训教师以不同的影响②。

学习设施也是培训物理环境的一个因素。现在的教师培训都涉及教学技术的内容，如现代多媒体的使用、微格教学都离不开一定的硬件。特别是体育教师培训含有技术动作的学习，要借助一些学习辅助设备，如足球技能的学习离不开足球场地、标志碟、足球训练跨栏、标志杆等。

后勤保障是指教学条件和学习设施以外的硬件设施，它主要是保障培训活动顺利开展的设施。“后勤”名为“后”，实为“先”，是受训教师进行培训活动最早接触到的方面。后勤保障主要是提供优质的服务为受训教师营造一个良好的心理状态。

因此，在培训环境方面的指标预设为教学条件、学习设施、后勤保障。

（二）学习层各指标

1. 学习层下的一级指标

对于体育教师培训而言，培训的目标是促进体育教师专业能力发展。学习层

①周育国，石曲. 全球化视野下的马克思主义利益观［J］. 辽宁师范大学学报：社会科学版，2010（1）：11-14.

②叶昌元，李怀康. 职业活动导向教学与实践［M］. 杭州：浙江科学技术出版社，2007：264.

的绩效评价是衡量受训教师在培训项目中习得了哪些内容。根据教师专业发展的理论和我国教师专业标准以及部分学者的观点①，可以归纳出专业化发展是围绕着体育教师思想、专业知识、专业能力三个方面来开展。

国家在培训总体的目标中就提出了提高受训教师师德的要求。师德虽属于思想层面的内容，但导致教师师德“失范”的根本原因是教师情感态度与价值观的缺失②。教师培训活动主要是借助培训所传授的内容，提高教师的知识和技能，但培训方真正希望通过教师培训活动来改变受训教师的思想，通过思想的改变引导行为的改变。在现实中，受训教师作为成人，培训方不可能开设单独的一个单元进行思想价值的教育，只能在培训体育专业知识、专业技能中穿插些思想层次内容的讲授，或者通过培训内容的默会知识对受训教师产生影响。培训教师只有思想层次达到一定的境界，才具有强烈的动机来改变体育专业知识和体育专业能力，才会改变“培训前激动、培训中感动、培训后不动”的局面。

专业知识是条理化、系统化的知识，它是教师有别于其他行业、不同专业之间教师的独特财富，是学科特征赋予的力量。对于从事体育教学的教师来说，必须熟悉掌握本专业的知识体系。体育教师专业知识水平的高低直接影响学生体育素养的发展，也影响学生对体育教师群体的认知。通过大量教学实践表明，体育教师的专业知识越宽广深厚，效果也就越明显，学生所掌握的体育知识、体育技能也就越牢固③。

专业能力指在教学实践当中，教师应具备和表现的各项能力④。体育教师通过自身的专业能力，在思想价值观念的影响下，把专业知识传递给学生。

所以学习层下的指标为体育专业知识、体育专业能力、情感态度和价值观。

2. 学习层下二级指标

（1）体育专业知识

体育教学是一门科学，更是一门艺术。如何将教师的知识转化为学生的知

①潘绍伟，于可红. 学校体育学［M］. 第三版. 北京：高等教育出版社，2015：311-324.

②陆道坤. 师德“失范”现象折射出的教师专业发展困境与思考［J］. 教育科学，2013（4）：72.

③张立新. 体育教学中实施素质教育刍议［J］. 教学与管理：理论版，2005（7）：55-56.

④李娟. 体育教师对未来能力认识的研究［J］. 辽宁体育科技，2005（5）：90.

识，必须依靠教学知识来指导教学活动。要教好体育课程，就要具有丰富的体育教学知识，它涵盖教育学、体育教育心理学、体育教学论等知识。体育教育心理学、教育学是所有体育教师进行教学工作的基础，体育教师要使自己的知识转化为学生个体的体育知识和技能，就要以心理学和教育学知识为中介，按它们的基本原理，结合学生身心发展规律进行教学工作。体育教师在教学时，不仅仅是传授技术动作，更重要的是要通过健身知识的传播，形成体育锻炼的思想，养成终身健身的习惯。而且，随着自然科学的不断发展，使得科学健身的理念不断更新，新的健身的方法手段不断涌现，科学健身知识可以看成是学科知识的集中体现。所以，体育教师培训要注重这类知识的传授。体育教学主要是在相对开放的户外环境下进行，这加剧了教学的管理难度，体育课所传授的健身知识必须借助身体练习，一些有难度的技术动作，如练习方法不得当就容易发生意外伤害事故。特别是现在每年进行体质监测，学校也加强了中长跑项目的锻炼，必须承认中长跑项目存在着一定的风险，因此，为了促进学生身心健康的发展，必须掌握风险防范知识，以应对突发事件。体育教师除了教好当前的体育课程外，还要注重自己教学能力的提高，为应对一些新的教学问题储备知识，教研知识作为未来专业能力发展的必备知识，在培训的过程中必须有所体现。

因此，在体育专业知识指标下设立体育教学知识、体育教研知识、科学健身知识、体育风险防范知识等指标。

（2）体育专业能力

体育教师专业能力与各个专业的教师所具有的能力没有实质性差别，因此，体育专业能力就依据教育部颁布的《小学教师专业标准（试行）》和《中学教师专业标准（试行）》的划分设置，设计为教学设计、教学实施、教学管理、教学评价、沟通和合作、发展与反思。

体育教师向学生授课，其主要任务是向学生传授体育知识和动作技能，为了让学生有效掌握学习内容，这就要求体育教师具有对体育教学进行针对性设计的能力。教学设计不仅为体育教师提供教学的整体思路规划，同时也谋划为学生提供更为丰富的资源组合和体育学习上的支持与服务。但体育教学设计是一个整体框架，是教学的一个思路，另外，体育教学过程并不是完全坚持执行事先教学设计方案的过程，而是一个伴随着课堂情况、课堂意义不断变化、不断生成的动态过程。真正把教学设计体现出来的方式是教学的具体实施。体育教学实施是实现体育教学目标的核心阶段，教学实施在教学设计的指导下，根据当时具体的教学对象特点、教学环境而展开。为了达到教学实施的良好效果，体育教师必须具有良好的教学管理能力。由于学生的能动性，课堂教学的互动性，加上体育课程大多在室外，为体育教师的教学管理提出了更高的要求。教学管理是为了创造良好的体育学习环境和向学生传授知识的教学环境。体育教学评价是对学生体育学习过程及学习结果进行价值判断的活动，在体育技能的学习中，体育教师会让学生反复多次地进行练习，学生的练习过程和结果势必会影响教师，而教师的职责也使得教师必须对学生做出相应的评判。教学评价能让学生快速纠正错误动作，掌握正确动作技能。在体育教师工作中，沟通和合作的能力日益被强调。体育教师的沟通和合作体现在两个方面，一方面是与同事之间，另一方面是与学生之间。同事之间的沟通和合作，主要体现在学校的综合体育事业上，如学校体质检测、运动会、体育课外活动等，只有同事间相互协作，这些大型的体育事情才可以顺利完成。学生间的沟通和合作，主要体现在体育教学中，学生个性突出，特别是青春期的学生，思想敏感，体育教师在教学过程中要注意沟通的方式，让学生明白，体育学习中，是教师服务于学生，学生与教师之间是相互支持与合作的关系，而不是教师用权威强迫他们去学习，这样会使体育学习的效果更好。教师的发展与反思能力是一种理性策略，体育教师通过对自己在实践教学中理念和行为的回顾、审视，吸取经验与教训，不断完善专业能力的过程。体育教师培训不能只注重知识、技能的传授，更要注重体育教师的反思，使广大体育教师在反思中认识自我，更新自我，提高专业能力，达到促进专业发展的目的。

因此，体育专业能力下的指标预设为体育教学设计、体育教学设施、体育教学管理、体育教学评价、沟通与合作、发展与反思。

（3）情感态度和价值观

身为教师，首先要具有职业道德，教师被喻为人类灵魂的工程师，所有的教师行为都必须遵从教师的职业道德。学高为师，身正为范，教师要具有很高的品德修养，才能做到以身立范。良好的师德是进行体育教学的前提条件，同时也是教师职业形象的具体体现①。体育教师职业道德是尊重学生的主体地位，关心爱护学生，通过体育健身知识和技能的传授，提高学生身体素质，同时培养终身锻炼的思想。

①王小元. 浅析高校体育教师的职业素质［J］. 教育与职业，2008（6）：150.

随着工作时间的增长，教师职业倦怠的现象逐渐显现出来，这往往归根于职业热情的逐步丧失。有研究证实，职业热情是促使教师完成高质量教学的关键①。费拉德曼（Feldman）认为，职业热情展现教师的个人品质，它是一名优秀教师所必须具备的条件②。职业热情是教师在教育教学工作中展现出的一种积极的情感体验。体育教师的职业热情会促使他们从内心乐于投入体育教学工作，想把体育教学工作完成好。因此，职业热情是体育教师发展自我的动力源。

人的生活动力的源泉就是追求幸福，倘若失去追求幸福的权利，人的生活就变得毫无意义。“世界上不存在，除了幸福之外的其他任何被渴望的东西。③”而绝大多数人由于一生大多数时间都处在工作之中，所以职业幸福感占了他们人生幸福感的很大比重。职业幸福感是指从职业当中得到快乐的心理感受。教师的职业幸福感是衡量教师幸福指数的一个指标，它决定着教师教学投入的积极性。因为幸福感是一种持续的快乐体验，当教师体会到职业幸福感后，会为了追求这种幸福感受，持续地全身心投入教学中。从而具有较高的工作积极性。

职业规划对于教师而言，是自我管理的一个手段，它相当于一个行动指南，是教师个人通向职业成功的指示器。它一般包括三个部分：职业自我认知、职业达成目标和采取职业行为，这三者紧密联系不可分隔，彼此相互促进，共同作用于教师的职业生涯发展④。体育教师要对职业目标有一个定位，再分解为若干个小目标，在不同的目标阶段，所学习的体育教学知识、技术、技能要求不同，这样可以制订相对应的工作、培训学习的计划，既不至于让教师本人压力过大，也不会让教师没有目标可寻，失去发展的方向。

职业使命感是指被外在的或内在的因素召唤而采取具体行动，实现自我的心理状态，它整合了现实中的自我（actual self）、理想中的自我（ideal self）和应该的自我（ought self）。有职业使命感的教师并不一定能达到在职业上的自我实现的最高境界，但是达到自我实现境界的教师一定具有职业使命感。使命感有一个非常重要的心理特征就是行动取向，没有怨言地为工作付出更多的

①Brophy J E，Good T L. Teacher Behavior and Student Achievement［M］. New York：Macmillan，1986：173.

②Feldman K A. Identifying exemplary teachers and teaching：evidence from student ratings［M］. Dordrecht：Springer，2007：54.

③约翰·斯图亚特·穆勒. 功利主义［M］. 叶建新，译. 北京：九州出版社，2007：89.

④汤国杰. 普通高校体育教师职业认同与职业生涯规划关系研究——一个假设理论模型［J］. 浙江体育科学，2010（6）：47-49.

努力，它与工作投入有着密不可分的关系①②。职业使命感强烈的人在工作上有更强的适应力，不愿意墨守陈规，乐意改变，愿意工作上付出更多努力，因此在工作上也会有较好的绩效。当体育教师具有强烈的使命感，则会根据社会发展对未来人才培训的需求、教育部门对体育教师职业能力的要求，不断对原有的知识体系进行调整，更新教学方法，更好地达到教书育人的效果。

因此，情感态度和价值观下的指标预设为职业道德、职业热情、职业幸福感、职业规划、职业使命感。

（三）个人层的指标

1. 个人层下的一级指标

个人层主要是检测受训体育教师把培训所学的知识运用到实践的情况。根据鲍德文的分类③，本研究将培训习得分为直接迁移和间接迁移两个方面。直接迁移指受训教师把培训所学的显性知识运用到教学实际当中④；而间接迁移则是受训教师将培训过程中学到的默会知识运用到实践。

2. 个人层下的二级指标

（1）直接迁移

教学离不开教学场景，它在一定范围内限制着教师的教学，最终影响着学生学习效果。体育教学大多数是在室外进行，室外课的特点就决定了教学要受到场地、天气、体育器材的影响。场景确实影响体育教师教学的自由度。客观来讲，很多体育教学场景是体育教师不可选择、不可控制的。所以体育教师要在实际教学中，根据所处的现实场景，识别可采用的教学方法和教学手段，并进行优化，从而达到理想化的教学效果。

①Dobrow S R，Tosti-Kharas J. Calling：The development of a scale measure［J］. Personnel Psychology，2011（4）：1001-1049.

② Horvath M. Predicting work out comes from religiosity and perceived calling［J］. The Career Development Quarterly，2015（2）：141-155.

③Baldwin T T，Ford J K.Transfer of training：A review and directions for future research［J］. Personnel Psychology，1988（42）：63-105.

④张越. 中小学教师教育技术能力培训迁移动机研究［D］. 沈阳：沈阳师范大学，2014.

体育教学与其他教学最大的区别是它所处的环境是开放式的，存在着教师个体与学生群体之间、教师个体与学生个体、学生个体与学生群体、学生个体之间、学生群体与学生群体之间的互动[①]，这些互动比较频繁，并且它们是由信息的传递与交换构成的。随着教学的持续，这种互动会发生量和质的变化。在教学过程中，虽然体育教师处于教学主导地位，可以决定教学形式和教学方法，但教学情境具有多变的特点，有时一些教学情况由于互动不容易做出预判。这就要求体育教师根据教学情境随机应变，灵活运用所学知识，适时对学生进行体育教育。

课堂教学效率是实际教学中，有效教学时间与总教学时间的比值[②]。在体育教学中，教学效率来源于以下几个方面：按一定的顺序呈现教学内容；在技术动作讲解时要有简洁明了的语言；善于以不同的方式陈述重要的原理；所传授的知识与学生的生理条件与心理条件相吻合。提高教学效率，使得学生可以在同等时间内掌握更多的健身知识或健身技能，或者有更多的身体锻炼时间。

教育学家苏霍姆林斯基指出，为了让教师工作能给教师本人带来快乐，使教学上课不变成单调乏味的义务，应该把教师引导到从事研究的道路上来[③]。对于中、小学体育教师而言，这本身就是教师专业能力强的一种表现。体育教师积极从事科学研究工作，对增长自身知识、提高工作能力、增强事业心和责任感有重要的意义[④]。在培训的过程中，培训师传授先进的教学理念，及其教师使命感的教育，促进受训教师进行学术探索的思想与行动，产生一些研究成果。因此，科研成果成为一项指标。

体育教师作为一个个体，会出现心理状态与情绪波动的情况，特别是现在生活节奏加快，教师的心理压力会增大，难免在一些外部因素的刺激下，导致个人心理沮丧，情绪失控。而现在是只要学生在学校内发生了任何身体伤害，首先是学校应该负全部责任。因此，体育教师比其他专业的教师的个人心理压力更大。而通过培训，传授的方法技巧及预防伤害的内容，可以改善教师个人心理状态和情绪波动。个人心理状态和情绪调节更容易成为一项指标。

因此，基于以上原因，把直接迁移层下设的指标定为辨别实践中可用所学知识的场景、灵活运用所学知识、课堂教学效率提高、体育科研成果提高、个

---

①陈时见，谢梦雪. 参与式教学的形态特征与实施策略［J］. 西南大学学报：社会科学版，2016（6）：91–95.

②钟鹏明. 重视提高课堂教学效率［J］. 教育理论与实践，1991，11（4）：3.

③宋艳平. 苏霍姆林斯基的教师观及其当代价值［D］. 曲阜：曲阜师范大学，2013.

④周登嵩. 学校体育学［M］. 北京：人民体育出版社，2005：11.

人心理状态和情绪调节更加容易。

（2）间接迁移

教师的自我效能感是指教师在从事教学工作之前，对自己完成教学工作任务的认知和预判，它是教师对自己的教学水平及影响学生行为和成绩的能力的一种主观判断[①]。它既是教师对自己教学能力的认识，也是对自身的感受和信念。在培训中，体育教师通过比较教学观摩、教学案例，可以对教学能力有一个主观判断。当教师具有较强的自我效能感时，他会寻找途径和方法解决教学中的问题。

时间管理能力。时间管理能力主要表现在做事节奏的把握上，体现在教育工作方面，表现为教学任务的计划性和教学任务实施的时间控制。教师通过教学工作的整体规划，解构教学工作，从而做到在计划的时间内完成教学任务。体育课程在内容上有新授课、复习课、综合课、考核课[②]，如何对时间进行合理分配，完成不同内容的课程，需要时间管理能力。就体育课结构而言，包括准备部分、基本部分和结束部分三个环节，虽然结构划分是相对的，但在实际教学过程中，各部分有机衔接、紧密联系、构成一个和谐统一的整体。如何把这三个部分进行时间的合理分配，须有一定的时间管理能力。

团队精神即整体配合意识。教师个体存在于教师群体之中，多个教师个体组成了一个共同体。团队精神是团结合作的意愿和作风，是教师信念和价值观的一个集中表现。教育是个协同性工作，把学生教育好，是一个协同性任务，它不仅要学生、家长、教师的协同努力，也要教师之间的协同努力。而教师之间的协同努力，不仅表现在学科之间教师的协同努力，也表现在不同学科教师的协同努力。在体育学科组内，大到完成一个校级体育活动，小到学科内教研活动的开展，都离不开团队精神。通过教师培训，打开教师的眼界，开扩教师的视野，学习团队精神，并利用到教学实践中。

体育教师的交流能力主要体现在师生交流方面。体育课堂中师生交流的频率相较其他课程要频繁。体育教学必须借助肢体的学习来进行。教师把动作分解，演示给学生学习，学生再通过肢体的模仿掌握动作。由于体育运动是一个环节衔接着另一个环节，前一个动作是后一个动作的基础，只有掌握了前面动作后，才可以进行下一个动作的学习。为了让学生掌握动作，教师要与学生进

①倪海. 教师的自我效能感浅析［J］. 教育探索，2003（1）：100-101.

②吴洁. 基础教育体育课程“好课”的判断［J］. 体育学刊，2013（2）：62-64.

行充分的互动交流，教师根据学生的即刻反馈，进行教学进程的安排。学生对技术动作进行练习与巩固，教师进行纠正、点评，都涉及教师与学生的交流能力。

因此，在间接迁移下设指标为自我效能感、时间管理能力、团队精神、交流能力。

（四）利益相关者层

1. 利益相关者下的一级指标

根据利益相关者理论，培训的作用是通过受训教师向外进行辐射，而与教师在工作层面有联系的就是学生、同事和所在的组织，即学校。学生是教师教学工作的对象，同时也是学习的主体，是教学活动的重要组成因素。学生“学”的活动与教师“教”的活动，构成了教学的统一活动体系。教师的所有教学能力都指向了学生。同事（主要指相同学科教学的教师）由于所授学科相同，所以教学方法、教学理念都会有很多相同之处，受训教师与同事之间可以对这些方面展开广泛的交流。培训的组织方也希望受训教师作为“种子”，把一些先进的教学思想、方法、手段传播出去。教师作为学校的一分子，他的工作表现会对学校产生一定的影响作用，校方通过筛选把教师送出去培训，除了希望通过培训，教师个人有所提高外，也希望受训教师能为学校带来一些积极的影响。因此，本研究在这个层次对学生、同事、学校影响三个方面进行培训绩效的考察。

2. 利益相关者下的二级指标

（1）学生影响

在对学生影响的指标设计中，主要是从培养学生体育素养的角度进行考虑。但是由于视角的不同，学者们对体育素养的界定并没有达成统一的认识。另外，在体育素养的界定中，一些释义中包含了体育意识、体育知识、体育道德、体育个性等[①]，这些概念在具体操作层面有较大难度，到目前为止还没有可行的操作定义和测量工具。因此，根据指标可操作性的原则，综合各位学者对体育素养的共识进行设计。

体育锻炼行为、运动参与或者运动参与素养是多数关于体育素养研究较为

①查茂勇. 大学生体育素养评价指标体系构建及自测量表编制［D］. 南京：南京师范大学，2014.

认可的体育素养特性。实际上，三者共同表达的是“学生要有参与体育运动或者活动的行为”之意[①]。从体育教学目标的视角来看，运动参与已经是我国体育教学目标的重要内容之一，通过运动参与，逐渐培养学生具有积极参与体育锻炼的态度。因此，体育锻炼行为是一个指标。

体质基础或者体质水平是体育素养研究中较新的研究观点，也被视为体育素养的一个特性[②]。学生体质虽受多种因素的影响，但提高学生体质水平是现在体育教学的关注重点。青少年儿童体质健康水平已经成为评价学校体育工作、体育课程效果的核心内容[③]。

学生的积极性与主动性，反映了个体意愿与整体长远任务互相统一的动机，在某种程度上可以反映体育意识。学生通过体育课程，对体育有了认识，知晓了体育的作用，并可能在教师风趣的教学形式和方法下，对体育课产生兴趣，表现出对体育课的积极性与主动性。

因此，学生影响下设的指标为学生身体素质、体育锻炼行为、积极性和主动性。

（2）同事影响

受训教师回到工作岗位，与同事的交集主要是围绕着工作展开，表现在与同事同行进行工作上的交往。培训组织方希望受训教师可以充当种子的作用，把培训中体育教学的理念和方法辐射给其他没有参加培训的教师。受训教师也应该有这样的责任，他们应该把培训的收获以某种形式呈现出来。

按照正常的教育工作安排，教师必须参加本专业的校本教研活动。开展教研活动的目的之一就是促进教师专业进步，它以教师所面临的各种校本教学中各种具体的教学问题为探讨对象的实践性研究活动，它的基本点着眼于课堂教学和课程改革所面对的实际问题[④]。而对教师进行的培训，目的之一就是帮助教师解决实际问题。受训教师在参加培训的过程中，受到新的教学理念的启发，同时参加教学观摩，与同行交流，解决教学问题的能力有所增加，因此，在教研活动中，受训教师所阐述的观点和建议有助于教学问题的解决。

---

①陈思同，刘阳，唐炎，等.对我国体育素养概念的理解——基于对Physical Literacy的解读［J］. 体育科学，2017（6）：43.

②杨献南，鹿志海.形式逻辑视角下的体育素养概念辨析［J］. 南京体育学院学报：社会科学版，2015（2）：89-92.

③冯霞.青少年体质健康教育研究［J］. 中国青年政治学院学报，2006（4）：1-5.

④王新燕. “校本”教研理念下教师专业发展的个案研究［J］. 基础教育，2012（6）：51-55.

组织气氛，是教师间交流和互动中逐渐形成的。协调的组织气氛，有利于教师的工作效率。受训教师在培训中所接受的培训内容有助于提高团队意识，因此会在某种程度上让组织气氛有所改变。

因此，同事影响下设的指标为同事之间的分享活动、教研活动效率、组织气氛。

（3）学校影响

学校对于教师，如同企业员工所处的组织。学校选派教师参加培训，从微观方面来说，是希望教师解决本身教学的实际问题；从中观来说，是希望给本校同行带来新的教学理念和方法，促进本校专业队伍的发展；从更高层次来说，是希望教师能通过培训提升教学思想并运用到实际中，给学校带来一定的影响。而受训教师通过在培训中学习到的技术、技能来组织和发展各类体育活动，促进了体育专业发展活动的开展。另外，受训教师通过培训学习，提高了思想境界，对体育知识、技能、技术有了更深刻的认识，带领团队参加各类的竞技比赛和体育教学竞赛。

因此，在学校影响下设的指标为体育专业发展活动开展和获得体育荣誉。

综上所述，关于体育教师培训绩效评价的初设指标为一级指标4个，二级指标12个，三级指标47个，见表3-2。

表3-2　绩效评价初设指标

目标层	一级指标	二级指标	三级指标
体育教师培训绩效评价指标	A反应层	A_1培训内容	A_{11}内容趣味性
			A_{12}内容实用性
			A_{13}内容新颖性
			A_{14}内容针对性
		A_2培训实施	A_{21}培训方式
			A_{22}培训任务量
			A_{23}进度安排
			A_{24}评价考核方式
		A_3培训师资	A_{31}工作态度
			A_{32}知识水平
			A_{33}教学能力
			A_{34}沟通能力

（续表）

目标层	一级指标	二级指标	三级指标
体育教师培训绩效评价指标	A反应层	A_4培训环境	A_{41}教学条件
			A_{42}学习设施
			A_{43}后勤保障
	B学习层	B_1体育专业知识	B_{11}体育风险防范知识
			B_{12}体育教学知识
			B_{13}体育教研知识
			B_{14}科学健身知识
		B_2体育专业能力	B_{21}体育教学设计
			B_{22}体育教学实施
			B_{23}体育教学管理
			B_{24}体育教学评价
			B_{25}沟通与合作
			B_{26}发展与反思
		B_3情感态度和价值观	B_{31}职业道德
			B_{32}职业热情
			B_{33}职业幸福感
			B_{34}职业规划
			B_{35}职业使命感
	C个人层	C_1直接迁移	C_{11}辨别实践中可用所学知识的场景
			C_{12}灵活运用所学知识
			C_{13}课堂教学效率提高
			C_{14}体育科研成果提高
			C_{15}个人心理状态和情绪调节更加容易
		C_2间接迁移	C_{21}自我效能感
			C_{22}时间管理能力
			C_{23}团队精神
			C_{24}交流能力
	D利益相关者层	D_1对学生的影响	D_{11}学生的运动积极性、主动性
			D_{12}学生的身体素质
			D_{13}体育锻炼行为

（续表）

目标层	一级指标	二级指标	三级指标
体育教师培训绩效评价指标	D利益相关者层	D_2对同事的影响	D_{21}同事之间的分享活动
			D_{22}教研活动效率
			D_{23}组织气氛
		D_3对学校的影响	D_{31}体育专业发展活动的开展
			D_{32}获得体育荣誉（带队比赛、体育教学竞赛、科研成果获奖）

四、体育教师培训绩效评价指标筛选

（一）专家问卷的形成

以初级指标体系为蓝本，形成了体育教师培训绩效评价指标体系第一轮专家调查问卷。

1. 专家积极系数

专家的基本情况已在绪论中介绍，见表0–5和表0–6。专家积极系数是通过专家咨询表的回收率来反映，而回收率反映了专家对本研究指标体系的关心程度。由于所选专家具有良好的职业精神，加之在专家选择上，不仅考虑到他们的专业素养，也考虑了咨询表回收问题。因此，专家咨询表回收率极高，即专家积极系数非常高，具体情况见表3–3。

表3–3　积极系数一览表

发放专家问卷	回收专家问卷	回收率（%）
21	21	100
21	21	100

2. 专家权威系数

专家的权威系数（Cr）反映了对某项研究问题的权威性，它由专家对研究问题的判断依据系数（Ca）和对问题的熟悉程度系数（Cs）的算术平均值算得，即$Cr=(Ca+Cs)/2$。专家权威程度以自我评价为主。Cr值处于0～1时，值越大表明专家权威性越强。*Cr*值大于或等于0. 70时，表明专家权威程度较高①。判断依据系数由理论分析、实践经验、国内外同行的了解和直觉四个因素组成，见表3–4。对问题的熟悉程度由很不熟悉、较不熟悉、一般、较熟悉、熟悉、很熟悉6个等级组成。其量化值见表3–5。

表3–4 判断依据影响程度表

判断依据	对专家判断的影响程度		
	大	中	小
理论分析	0.3	0.2	0.1
实践经验	0.5	0.4	0.3
国内外同行的了解	0.1	0.1	0.1
直觉	0.1	0.1	0.1

表3–5 问题熟悉程度系数表

熟悉程度	熟悉程度系数
很熟悉	0.9
熟悉	0.7
较熟悉	0.5
一般	0.3
较不熟悉	0.1
很不熟悉	0.0

经过专家的自我评价，*Ca*均值为0.814，*Cs*均值为0.738，专家权威程度的均值达到了0.776。*Cr*值大于0.70，说明专家权威程度较高。

（二）问卷的发放和填写方法

通常对指标进行重要性和确定性筛选时采用主观评价法。基于体育教师培训绩效评价指标较多，并且各指标之间的相互关联性，筛选指标的方式主要采用专家的主观评价。具体的操作步骤是：1）备选的指标体系的问卷及相关的评价模型的选择，各指标确立思想的有关说明一起发放给专家；2）专家根据自身

①战旗，魏水易，顾文华. 德尔菲法在药学工作中的应用［J］. 药学实践杂志，2002（2）：122–124.

的专业水平和对体育教师培训绩效的认识填写问卷，选择各绩效指标的重要程度；3）对已有的指标，根据各指标的重要性得分来筛选指标。每个指标都设有很不重要、不太重要、一般重要、较为重要、非常重要5个等级，5个等级分别记为20分、40分、60分、80分、100分。

（三）指标选取的依据

1. 变异系数

变异系数是标准差与平均数的比值，变异系数值越小，表明指标的评价结果的分散程度越小。按惯例，变异系数大于或等于0.25则认为该指标的专家协调度不够[①]。

2. 协调系数

专家咨询协调系数是判别专家对各项指标给出的评价是否存在着较大分歧。通过协调系数，能够分析专家的评判标准是否一致，进而判定咨询结果的可信度。协调系数处在0～1[②]。协调系数通常用肯德尔协调系数检验（Kendall's W），如P值大于0.05，则判定专家评判标准不一致，评价结果不可信；如P值小于0.05，则判定专家评判标准一致，评价结果可信[③]。

3. 分值数

在采用特尔菲法进行指标筛选时，还要考虑指标集中性，通过集中趋势量数，即描述数据集中趋势的统计量，进行指标的选取。算术平均数具有确定严密、简明易懂、计算方便、受抽样的影响较小并能进一步代数运算等优点，是应用最广泛的一种集中量数，并且在体育科研中，很多情况下都可以用算术平均数来反映数据的集中趋势[④]。但是，关于以什么具体分值作为取舍指标的依据并没有明确定义。朱芳等在《应用德尔菲法构建更年期妇女生殖健康素养评价

①刑禾，何广学，刘学君. 德尔菲法筛选结核病防治知识调查指标的研究与实验评价［J］. 中国健康教育，2006（2）：93.

②金星政，罗乐宣. 软科学研究方法［M］. 武汉：湖北科学技术出版社，2002：92-101.

③李银霞，袁修干. 改进德尔菲法在驾驶舱显示系统工效学评价指标筛选中的应用研究［J］. 航天医学与医学工程，2006（5）：370.

④梅雪雄. SPSS在体育统计中的应用［M］. 北京：人民体育出版社，2008：76-83.

指标体系》[①]中，采用1～5级评价标准，指标分值数为3.7以上的予以保留。祝秀英等在《德尔菲法构建集中空调卫生监督量化评分指标体系》[②]中，采用 7、5、3、1 四个评分值，指标分值数为6以上予以保留。葛爱晨等在《基于德尔菲法的公立医院绩效评价体系筛选研究》[③]中，采用10分制，指标平均数为7以上予以保留。

综合以上因素考虑，本研究保留指标的依据是：

1）变异系数小于0.25；

2）协调系数的P值小于0.05；

3）指标的均值在70分以上。

（四）第一轮专家问卷调查

1. 各指标的筛选

（1）一级指标（表3-6、表3-7）

表3-6　一级指标统计分析参数表

指标	均值	标准差	变异系数	拟选
反应层	90.48	10.24	0.11	√
学习层	98.10	6.02	0.06	√
个人层	94.29	9.26	0.10	√
利益相关者层	84.76	8.72	0.10	√

表3-7　一级指标一致性检验统计表

轮次	协调系数	卡方值	显著性
第一轮	0.340	21.400	0.000

①朱芳，黄勤瑾，梁霁. 应用德尔菲法构建更年期妇女生殖健康素养评价指标体系［J］. 中国妇幼保健，2017（17）：5.

②祝秀英，史济峰，范忠飞，等. 德尔菲法构建集中空调卫生监督量化评分指标体系［J］. 环境与职业医学，2014（4）：290.

③葛爱晨，陈家应，季国忠，等. 基于德尔菲法的公立医院绩效评价体系筛选研究［J］. 南京医科大学学报（社会科学版），2017（3）：229.

根据本研究的指标筛选标准，一级指标的反应层、学习层、个人层、利益相关者层都予以保留。依据平均数，专家对四个一级指标认同度由高到低分别为学习层、个人层、反应层、利益相关者层。

（2）二级指标（表3-8、表3-9）

表3-8　二级指标统计分析参数表

指标	均值	标准差	变异系数	拟选
培训内容	92.38	9.95	0.11	√
培训实施	87.62	13.38	0.15	√
培训师资	87.62	13.38	0.15	√
培训环境	67.61	19.48	0.29	×
体育专业知识	95.24	8.73	0.09	√
体育专业能力	95.24	8.73	0.09	√
情感态度和价值观	77.14	13.09	0.16	√
直接迁移	81.90	14.01	0.17	√
间接迁移	72.38	11.79	0.16	√
对学生的影响	94.29	9.26	0.10	√
对同事的影响	76.19	14.99	0.20	√
对学校的影响	81.90	14.01	0.17	√

表3-9　二级指标一致性检验统计表

轮次	协调系数	卡方值	显著性
第一轮	0.432	99.894	0.000

根据指标筛选标准，在二级指标中，培训环境指标均值为67.61，且变异系数为0.29，根据选取指标的依据，指标的均值应该在70分以上，且变异系数小于0.25，所以该指标不拟选，其他指标都符合选取标准要求，可拟选。在反应层下的课程内容、培训实施、培训师资中，课程内容得到了高度认可。在学习层下的体育专业知识、体育专业能力、情感态度和价值观中，情感态度和价值观认可度较低，但是在可接受的范围内。在个人层下的直接迁移和间接迁移两个指标中，间接迁移这个指标认可度较低，但也在可接受范围。在利益相关者层的三个指标中，对学生影响得到高度认可，对学校影响认可度次之，而对同

事影响认可度较低。相对于一级指标，各个二级指标的标准差数值较高，表明各位专家的认识呈一定的离散性。

（3）三级指标（表3-10、表3-11）

表3-10　三级指标统计分析参数表

指标	均值	标准差	变异系数	拟选
内容趣味性	80.95	13.38	0.17	√
内容实用性	100	0	0	√
内容新颖性	74.29	12.87	0.17	√
内容针对性	89.52	10.23	0.11	√
培训方式	83.81	16.21	0.19	√
培训任务量	82.85	17.07	0.21	√
进度安排	71.43	14.93	0.21	√
评价考核方式	72.38	16.09	0.22	√
工作态度	88.57	11.95	0.13	√
知识水平	84.76	14.01	0.17	√
教学能力	93.33	11.55	0.12	√
沟通能力	76.19	18.57	0.24	√
体育风险防范知识	72.38	16.09	0.22	√
体育教学知识	92.38	9.95	0.11	√
体育教研知识	88.57	13.52	0.15	√
科学健身知识	72.38	13.38	0.18	√
体育教学设计	94.28	9.26	0.10	√
体育教学实施	92.38	11.79	0.13	√
体育教学管理	82.86	15.85	0.19	√
体育教学评价	89.52	13.59	0.15	√
沟通与合作	82.86	15.86	0.19	√
发展与反思	80.00	12.65	0.16	√
职业道德	98.10	6.02	0.06	√
职业热情	79.05	16.09	0.20	√
职业幸福感	77.14	13.09	0.17	√
职业规划	72.38	14.80	0.20	√

（续表）

指标	均值	标准差	变异系数	拟选
职业使命感	76.19	16.27	0.21	√
辨别实践中可用所学知识的场景	84.76	12.49	0.15	√
灵活运用所学知识	94.29	11.21	0.12	√
课堂教学效率提高	82.86	15.86	0.19	√
体育科研成果提高	77.14	11.46	0.15	√
个人心理状态和情绪调节更加容易	72.38	14.80	0.20	√
自我效能感	76.19	17.45	0.23	√
时间管理能力	74.28	14.34	0.19	√
团队精神	79.05	11.79	0.15	√
交流能力	84.76	16.61	0.20	√
学生的积极性、主动性	79.05	19.47	0.22	√
学生的身体素质	72.38	13.38	0.18	√
体育锻炼行为	77.14	17.07	0.22	√
同事之间的分享活动	79.05	14.80	0.19	√
教研活动效率	64.76	25.22	0.38	×
组织气氛	72.38	16.09	0.22	√
体育专业发展活动的开展	78.10	15.37	0.20	√
获得体育荣誉	72.38	13.38	0.18	√

表3-11　三级指标一致性检验统计表

轮次	协调系数	卡方值	显著性
第一轮	0.294	265.157	0.000

在三级指标中，教研活动效率的均值为64.76，变异系数为0.38，根据选取指标的依据，指标的均值应该在70分以上，且变异系数小于0.25，所以该指标不拟选。内容实用性这一指标得到了专家的一致认同。而一些指标在专家中也有较大的离散性，如职业规划、科研成果、个人心理状态与情绪调节更加容易、同事间分享活动、组织气氛等，但均在指标选取的标准内。

2.意见收集与指标修订

本研究的问卷为半开放式，专家除了填写各预设指标的重要性外，还可在每一层级指标中，通过填写“修改建议”的形式提出不同的意见。经整理，最后突出或较集中的建议如下：1）要删除的指标：a.培训环境。在这一指标中，专家的评价标准出现了较大分歧，并且有专家指出，由于教师培训周期较短，并且作为受过教育专业训练的成人，他们对培训环境的要求不会太注重。也有专家指出，相对培训师资、培训内容而言，作为培训辅助方面的培训环境，就培训绩效而言不应该纳入评价指标。并且将培训环境下设的教学条件、学习设施、后勤服务一并删除。b.教研活动效率。教研活动效率的均值为64.76，变异系数为0.38，根据选取指标的依据，指标的均值应该在分值70分以上，且变异系数小于0.25，所以指标予以删除。2）要进一步提炼指标概念：a.个人心理状态和情绪调节更加容易：有专家指出，情绪也是一种心理状态。经查阅相关心理学资料，把“个人心理状态和情绪调节更加容易”改为“个人心理调节更加容易”。b.科研成果：有专家提出，在直接迁移层中，“科研成果提高”应该以“教研成果提高”替代，因为科研成果是论文、论著、专利、带技术参数的图纸等，而教研成果是调研报告、研究报告、教学案例、论文论著、示范课等。对中小学教师而言，教研成果含义比科研成果的含义更大。3）添加的指标：有专家提出在对学校的影响指标下增添“对学校招生及学校建设方面影响”这一指标，故在第二轮咨询中添加这一指标。

（五）第二轮专家问卷调查

第二轮问卷的发放对象及发放方式与第一轮相同，共发放问卷21份，回收21份，有效问卷21份，回收率为100%。第二轮问卷主要是对二、三级指标再次进行评价，在第二轮问卷中把第一轮问卷按专家要求进行了修改。并同时把第一轮的汇总情况反馈给各位专家。

（1）二级指标（表3-12、表3-13）

表3-12 二级指标统计分析参数表

指标	均值	标准差	变异系数	拟选
培训内容	93.33	9.66	0.10	√
培训实施	88.57	11.95	0.13	√
培训师资	85.71	11.21	0.13	√

（续表）

指标	均值	标准差	变异系数	拟选
体育专业知识	90.48	10.24	0.11	√
体育专业能力	90.48	12.03	0.13	√
情感态度和价值观	80.95	13.38	0.17	√
直接迁移	79.05	14.80	0.19	√
间接迁移	74.29	12.87	0.17	√
对学生的影响	95.24	8.73	0.09	√
对同事的影响	75.24	15.37	0.20	√
对学校的影响	81.90	14.00	0.17	√

表3-13　二级指标一致性检验统计表

轮次	协调系数	卡方值	显著性
第二轮	0.293	61.589	.000

（2）三级指标（表3-14、表3-15）

表3-14　三级指标统计分析参数表

指标	均值	标准差	变异系数	拟选
内容趣味性	79.05	13.38	0.17	√
内容实用性	100	0.00	0.00	√
内容新颖性	75.24	12.50	0.17	√
内容针对性	88.57	11.95	0.13	√
培训方式	84.76	15.37	0.18	√
培训任务量	81.90	17.78	0.22	√
进度安排	76.19	13.59	0.18	√
评价考核方式	71.43	16.21	0.23	√
工作态度	89.52	10.24	0.11	√
知识水平	84.76	14.01	0.17	√
教学能力	94.29	9.26	0.10	√
沟通能力	75.24	16.62	0.22	√
体育风险防范知识	73.33	11.55	0.16	√

（续表）

指标	均值	标准差	变异系数	拟选
体育教学知识	93.33	9.66	0.10	√
体育教研知识	87.62	11.79	0.13	√
科学健身知识	73.33	13.16	0.18	√
体育教学设计	95.24	8.72	0.09	√
体育教学实施	93.33	11.55	0.12	√
体育教学管理	81.90	16.61	0.20	√
体育教学评价	88.57	14.93	0.17	√
沟通与合作	79.05	16.09	0.20	√
发展与反思	78.10	16.62	0.21	√
职业道德	97.14	7.17	0.07	√
职业热情	83.81	14.99	0.18	√
职业幸福感	75.24	16.62	0.22	√
职业规划	71.42	13.52	0.19	√
职业使命感	81.90	12.50	0.15	√
辨别实践中可用所学知识的场景	87.62	11.79	0.13	√
灵活运用所学知识	93.33	11.55	0.12	√
课堂教学效率提高	82.86	15.86	0.19	√
教研成果提高	75.24	12.50	0.17	√
个人心理调节更加容易	72.38	14.80	0.20	√
自我效能感	77.14	17.07	0.22	√
时间管理能力	72.38	14.80	0.20	√
团队精神	81.90	12.50	0.15	√
交流能力	85.71	15.68	0.18	√
学生的运动积极性、主动性	82.86	15.86	0.19	√
学生的身体素质	73.33	13.17	0.18	√
体育锻炼行为	77.14	17.07	0.22	√
同事之间的分享活动	78.10	14.01	0.18	√
组织气氛	74.29	14.34	0.19	√
体育专业发展活动的开展	77.14	14.54	0.19	√
获得体育荣誉	73.33	13.17	0.18	√
对学校招生	63.81	21.56	0.33	×
对学校建设	64.76	19.90	0.31	×

表3–15　三级指标一致性检验统计表

轮次	协调系数	卡方值	显著性
第二轮	0.390	72.89	0.000

对学校招生这一指标均值为63.81，变异系数为0.33。对学校建设这一指标均值为64.76，变异系数为0.31。根据选取指标的依据，指标的均值应该在70分以上，且变异系数小于0.25，所以对学校招生和对学校建设两个指标予以删除。

根据两轮特尔菲法的结果，最后筛选出体育教师绩效评价指标：4个一级指标，11个二级指标，43个三级指标，具体指标见表3–16。

表3–16　体育教师绩效评价指标

目标层	一级指标	二级指标	三级指标
体育教师培训绩效评价指标	A反应层	A_1培训内容	A_{11}内容趣味性
			A_{12}内容实用性
			A_{13}内容新颖性
			A_{14}内容针对性
		A_2培训实施	A_{21}培训方式
			A_{22}培训任务量
			A_{23}进度安排
			A_{24}评价考核方式
		A_3培训师资	A_{31}工作态度
			A_{32}知识水平
			A_{33}教学能力
			A_{34}沟通能力
	B学习层	B_1体育专业知识	B_{11}体育风险防范知识
			B_{12}体育教学知识
			B_{13}体育教研知识
			B_{14}科学健身知识
		B_2体育专业能力	B_{21}体育教学设计
			B_{22}体育教学实施
			B_{23}体育教学管理
			B_{24}体育教学评价
			B_{25}沟通与合作
			B_{26}发展与反思

（续表）

目标层	一级指标	二级指标	三级指标
体育教师培训绩效评价指标	B学习层	B_3情感态度和价值观	B_{31}职业道德
			B_{32}职业热情
			B_{33}职业幸福感
			B_{34}职业规划
			B_{35}职业使命感
	C个人层	C_1直接迁移	C_{11}辨别实践中可用所学知识的场景
			C_{12}灵活运用所学知识
			C_{13}课堂教学效率提高
			C_{14}教研成果提高
			C_{15}个人心理调节更加容易
		C_2间接迁移	C_{21}自我效能感
			C_{22}时间管理能力
			C_{23}团队精神
			C_{24}交流能力
	D利益相关者层	D_1对学生的影响	D_{11}学生的运动积极性、主动性
			D_{12}学生的身体素质
			D_{13}体育锻炼行为
		D_2对同事的影响	D_{21}同事之间的分享活动
			D_{22}组织气氛
		D_3对学校的影响	D_{31}体育专业发展活动的开展
			D_{32}获得体育荣誉

通过分析构建体育教师培训评价指标体系的过程及结果，研究者发现，在构建指标体系时，虽始终贯彻该指标体系是针对中小学体育教师培训绩效，突出体育学科和体育教师专业特点的研究思路，但是体育教师培训与其他专业教师培训又有一定的共性，所以最终确立的指标有一定的包容性，某些指标可以为其他专业领域的教师培训所借鉴。例如，一级指标：反应层、学习层、个人层和利益相关者层，它的构建来源于一定的理论基础，并且是对各种评价模型的比较分析而总结出来的；二级指标：教学内容的适合性、培训实施等评价的下设指标。当然，在构建指标中体现培训绩效评价的共性时，也突出了针对中小学体育教师培训绩效的特点，例如，二级指标体育专业知识中的体育风险防范知识、体育健身知识；学生的运动积极性、主动性，学生的身体素质、体育锻炼行为等。

第四节　中小学体育教师培训绩效评价指标权重的构建

中小学体育教师培训总体绩效由若干不同层次的绩效综合而成，它们在整体绩效中所占的比重应有所不同，并且同一层次绩效指标下设立的多个指标在其所处的绩效层当中所占的比重也应有所不同①。通过权重的分配，可以分析出绩效层次的重要性，在注重整体培训绩效的同时，突出重点绩效，进而明确培训工作的重心。权重的设计是以专家评分为基础，通过专家的评分，对筛选保留下来的各个指标运用层次分析法（AHP）进行权重分配。

一、指标权重概念

权重是某一具体指标在整体指标中的一个相对概念，反映在整体绩效中该指标的重要程度②。指标权重是对各个指标在整体中的重要程度进行量化。任何客观的评价都要主次分明，突出重点，明确哪些是关键内容，哪些是次要内容。在培训绩效的整个环节中，由于每位专家所处的位置不同，并且拥有不同的知识体系和经验，对“培训绩效”的视野角度不同。因此，为了更全面、准确地评价体育教师培训绩效，有必要设计各项指标的权重系数，以体现不同内容对目标贡献的区别性。

确定各个指标的权重，要在完整的指标体系基础之上，一般依据三个原则：民主集中原则、系统性原则、评价者的主观意图与客观实际相结合的原则③。而采用专家评分的方式，正好可以体现这三个原则，因此本研究在专家评分的基础上，运用层次分析法构建相应的权重体系。

二、层次分析法的原理

在20世纪70年代前，对于一些复杂系统问题的决策是以最优化理论为依

①蒋蓉华. 人力资源管理基础［M］. 北京：清华大学出版社，2007：7.

②李宝莹. 绩效管理技能训练［M］. 上海：复旦大学出版社，2014：1.

③冷继然. A公司生产岗位员工绩效考核研究与改进［D］. 天津：河北工业大学，2008.

据，通过数学模型的建立来解决的。但是决策中总存在着大量的因素无法定量表达出来，一些复杂的问题很难完全用定量的数学模型来解决，在此背景下，美国运筹学家提出了层次分析法（AHP），它将评价对象视为一个完整系统，结合定性分析和定量分析，将待解决的问题以分解、比较、判断、综合的方式进行决策①。AHP法相当于对人的思维过程进行分层量化，并通过数理统计技术为分析、决策和控制提供定量的依据②。先将系统的问题解构为各组成元素，再将各元素以一定的相关性进行分组，形成隶属结构层次，通过两两比较的形式确定同一层次中各元素的重要性，在隶属结构层次中进行综合，最终得出相对于目标重要程度的总排序。AHP法的基础虽是专家评价，但通过精确的定量分析，可以将评价中所带有的主观臆断性降至较低水平，相对来说比较客观、科学③④。

三、层次分析法的工作程序

层次分析法的基本思路是先分解后综合的思想。首先，将体育教师培训绩效层次化，即将绩效评价问题分解成不同隶属关系的绩效层，在同一个绩效层中，按照各个元素的重要程度关系，形成一个层次分明的结构模型。其次，借助特尔菲法确定各个绩效评价指标的分值，按照两两相较的原则，通过构建两两相较判断矩阵及矩阵运算方法，用每个指标评价同一个层次中各个元素的重要程度。对判断矩阵采取一致性检验，即进行C.I.和R.I.检验。最后，计算各层次元素对系统总目标的合成重要度并进行总排序，以确定隶属结构中各元素对总目标的重要程度。

层次分析法的操作步骤：

第一，构建体育教师培训绩效评价的递阶层次结构图。这是确定权重的最关键的部分，是进行后续计算和分析的基础。

第二，运用特尔菲法对隶属同一绩效层次的指标进行成对比较，并进行比较赋值，赋值的基础是层次分析法固定的重要性标度表（表3-17）。重要性标

①纪红. 基于Web的高校教师综合素质评价系统的研究［D］. 成都：电子科技大学，2008.

②刘洋. 高校教师绩效评价指标体系的研究与实践［D］. 哈尔滨：哈尔滨工程大学，2008.

③庞鹤峰. 我国高校教师绩效评价指标体系研究［D］. 南京：南京理工大学，2006.

④顾全根. 基于层次分析法的财务预警指标权重设置方法［J］. 统计与决策，2008（23）：176-178.

度表的原理是基于心理学的研究成果：对具有相同属性的事物的差别分辨能力为1～9级，采用1～9的标度能反映大部分人的辨别能力。并且大量的社会调查研究和科学考察也证实，1～9的标度能完全区分引起人们感觉差别的事物的属性。

表3–17　重要性标度表

含义	标度
X_i因素与X_j因素的重要性相同	1
X_i因素比X_j因素稍重要	3
X_i因素比X_j因素更重要	5
X_i因素比X_j因素明显重要	7
X_i因素比X_j因素非常重要	9
X_i因素比X_j因素重要的程度在两个相邻等级之间	2、4、6、8
当X_i因素与X_j因素比较时，若被赋予以上某个标度值时，则X_j因素与X_i因素比较时的权重就应该是那个标度的倒数	上述数值的倒数

按照上表中标度标准来确定培训绩效评价指标之间的相对比分，进而得出两两相较的判断矩阵，见表3–18。

表3–18　判断矩阵

M	A_1	A_2	A_3	……	A_n
A_1	1	A_{12}	A_{13}	……	A_{1n}
A_2	A_{21}	1	A_{23}	……	A_{2n}
A_3	A_{31}	A_{32}	1	……	A_{3n}
……	……	……	……	1	……
A_n	A_{n1}	A_{n2}	A_{n3}	……	1

其中，$A_{ii}=1$，$A_{ij}=1/A_{ji}$。

第三，求解判断矩阵。对判断矩阵进行求解时，可采用多种方法：最小平方法、乘积方根法、特征向量法等。从大量的操作实践来看，特征向量法的科学性最好，所以，在使用层次分析法的过程中倾向于利用特征向量法计算矩阵的排序向量。如果所构建的判断矩阵为M，则：

$$M=\begin{bmatrix} 1 & A_2 & A_3 & \cdots & A_n \\ A_{21} & 1 & A_{23} & \cdots & A_n \\ A_{31} & A_{32} & 1 & \cdots & A_n \\ \vdots & \vdots & \vdots & 1 & \vdots \\ A_{n1} & A_{n2} & A_{n3} & \cdots & 1 \end{bmatrix}$$

求得矩阵的最大特征根λ_{max}，从而可以求得对应最大特征根的特征向量，并对这个特征向量进行归一化。

第四，进行一致性检验。理想状态下的判断矩阵能够满足一致性条件，即假如培训绩效评价指标A_1比A_2重要、A_2比A_3重要，那么培训绩效评价指标A_1与A_3之间关系符合逻辑的结果应该是A_1比A_3重要，如果判断矩阵的逻辑统一性不能得到满足，就意味着判断矩阵出现了逻辑错误，必须重新构建绩效评价指标的判断矩阵。通常逻辑的统一性采用一致性指标（Consistency Index，C.I.）来衡量判断矩阵一致性。

$$C.I.=\frac{\lambda_{max}-n}{n-1}$$

公式中λ_{max}代表判断矩阵的最大特征根，n代表判断矩阵的阶数。由于在判断过程中会涉及主观因素，这就导致判断矩阵不可能达到完全一致，所以，只能在某一范围内判定判断矩阵的合理性，因此，提出了另外一个随机性指标（Random Index，R.I.）。R.I.是一个事先既定的常数，其数值见表3-19。

表3-19　随机性指标数值

阶数	1	2	3	4	5	6	7	8	9	10
R.I.值	0	0	0.58	0.90	1.12	1.24	1.32	1.41	1.45	1.49

利用R.I.值和C.I.值，可以对培训绩效评价指标判断矩阵的逻辑一致性是否合理进行判断，用C.R.值来表示：

$$C.R.=\frac{C.I.}{R.I.}$$

如果C.R.>0.1，则判定判断矩阵不满足一致性要求，培训绩效评价指标判断矩阵须重建。如果C.R.<0.1，则表明判断矩阵满足一致性要求，所求得的归一化后的向量就是各个指标的权重向量，最终可得到各个指标的权重。

四、培训绩效评价指标权重

（一）一级指标权重值计算

根据专家的评分情况进行主观赋值，对一级指标中各元素分配对比判断矩阵（A为反应层，B为学习层，C为个人层，D为利益相关者层），见表3-20。

表3-20　一级指标判断矩阵

M	A	B	C	D
A	1	1/2	1/2	2
B	2	1	2	3
C	2	1/2	1	3
D	1/2	1/3	1/3	1

求得λ_{max}=4.070909017；$C.I.$=0.023636339；$C.R.$=0.026262599<0.10，说明判断矩阵有效。权重（W）分别是：A=0.187190；B=0.4118201；C=0.2930312；D=0.1079585。即反应层权重为0.187；学习层权重为0.412；个人层权重为0.293；利益相关者权重为0.108。

（二）二级指标权重值计算

1. 反应层下二级指标权重计算

根据专家的评分情况进行主观赋值，对反应层下的各元素分配对比判断矩阵（A_1为培训内容，A_2为培训实施，A_3为培训师资），见表3-21。

表3-21　反应层二级指标判断矩阵

A	A_1	A_2	A_3
A_1	1	2	3
A_2	1/2	1	2
A_3	1/3	1/2	1

求得 λ_{max}=3.00920863；$C.I.$=0.004604315；$C.R.$=0.007938474<0.10，说明判断矩阵有效。权重（W）分别是：A_1=0.538961；A_2=0.2972583；A_3=0.1637807。即培训内容权重为0.539；培训实施权重为0.297；培训师资权重为0.164。

2. 学习层下二级指标权重计算

根据专家的评分情况进行主观赋值，对学习层下的各元素分配对比判断矩阵（B_1为体育专业知识，B_2为体育专业能力，B_3为情感态度和价值观），见表3–22。

表3–22　学习层下二级指标判断矩阵

B	B_1	B_2	B_3
B_1	1	1	2
B_2	1	1	2
B_3	1/2	1/2	1

求得 λ_{max}=3.00；$C.I.$=0.00；$C.R.$=0.00 <0.10，说明判断矩阵有效。权重（W）分别是：B_1=0.40000；B_2=0.40000；B_3=0.20000。即体育专业知识权重为0.400；体育专业能力权重为0.400；情感态度和价值观权重为0.200。

3. 个人层下二级指标权重计算

根据专家的评分情况进行主观赋值，对个人层下的各元素分配对比判断矩阵（C_1为直接迁移，C_2为间接迁移），见表3–23。

表3–23　个人层下二级指标判断矩阵

C	C_1	C_2
C_1	1	2
C_2	1/2	1

求得 λ_{max}=2.0000；$C.I.$=0.0000；$C.R.$=0.0000<0.10，说明判断矩阵有效。权重（W）分别是：C_1=0.6666667；C_2=0.3333333。即直接迁移权重为0.667；间接迁移权重为0.333。

4. 利益相关者层下二级指标权重计算

根据专家的评价情况进行主观赋值，对利益相关者层下的各元素分配对比判断矩阵（D_1为对学生的影响，D_2为对同事的影响，D_3为对学校的影响），见表3-24。

表3-24 利益相关者层下二级指标判断矩阵

D	D_1	D_2	D_3
D_1	1	4	3
D_2	1/4	1	1/2
D_3	1/3	2	1

求得λ_{max}=3.018337228；$C.I.$=0.009168614；$C.R.$=0.015807955<0.10，说明判断矩阵有效。权重（W）分别是：D_1=0.623225；D_2=0.1372877；D_3=0.2395876。即对学生的影响权重为0.623；对同事的影响权重为0.137；对学校的影响权重为0.240。

（三）三级指标权重计算

1. 课程内容

对课程内容下的各元素分配对比判断矩阵（A_{11}为内容趣味性，A_{12}为内容实用性，A_{13}为内容新颖性，A_{14}为内容针对性），见表3-25。

表3-25 课程内容下各指标判断矩阵

A_1	A_{11}	A_{12}	A_{13}	A_{14}
A_{11}	1	1/3	1	1/2
A_{12}	3	1	3	1
A_{13}	1	1/3	1	1/3
A_{14}	2	1	3	1

求得λ_{max}=4.020632371；$C.I.$=0.006877457；$C.R.$=0.007641619<0.10，说明判断矩阵有效。权重（W）分别是：A_{11}=0.142332；A_{12}=0.3828782；A_{13}=0.1276261；A_{14}=0.3471639。即内容趣味性权重为0.142；内容实用性权重为

0.383；内容新颖性权重为0.128；内容针对性权重为0.347。

2. 培训实施

对培训实施下的各元素分配对比判断矩阵（A_{21}为培训方式，A_{22}为培训任务量，A_{23}为进度安排，A_{24}评价考核方式），见表3-26。

表3-26　培训实施下各指标判断矩阵

A_2	A_{21}	A_{22}	A_{23}	A_{24}
A_{21}	1	2	3	4
A_{22}	1/3	1	2	3
A_{23}	1/3	1/2	1	2
A_{24}	1/4	1/3	1/2	1

求得λ_{max}=4.031039475；$C.I.$=0.010346492；$C.R.$=0.011496102<0.10，说明判断矩阵有效。权重（W）分别是：A_{21}=0.465819；A_{22}=0.2771405；A_{23}=0.1610702；A_{24}=0.0959699。即培训方式权重为0.466；培训任务量权重为0.277；进度安排权重为0.161；评价考核方式权重为0.096。

3. 培训师资

对培训师资下的各元素分配对比判断矩阵（A_{31}为工作态度，A_{32}为知识水平，A_{33}为教学能力，A_{34}为沟通能力），见表3-27。

表3-27　培训师资下各指标判断矩阵

A_3	A_{31}	A_{32}	A_{33}	A_{34}
A_{31}	1	2	1/2	4
A_{32}	1/2	1	1/3	2
A_{33}	2	3	1	4
A_{34}	1/4	1/2	1/4	1

求得λ_{max}=4.045870759；$C.I.$=0.015290253；$C.R.$=0.01698917<0.10，说明判断矩阵有效。权重（W）分别是：A_{31}=0.294499；A_{32}=0.1572494；A_{33}=0.4596270；A_{34}=0.0886247。即工作态度权重为0.294；知识水平权重为0.157；教学能力权重为0.460；沟通能力权重为0.089。

4. 体育专业知识

对体育专业知识下的各元素分配对比判断矩阵（B_{11}为体育风险防范知识，B_{12}为体育教学知识，B_{13}为体育教研知识，B_{14}为科学健身知识），见表3–28。

表3–28　体育专业知识下各指标判断矩阵

B_1	B_{11}	B_{12}	B_{13}	B_{14}
B_{11}	1	1/4	1/3	1
B_{12}	4	1	2	4
B_{13}	3	1/2	1	3
B_{14}	1	1/4	1/3	1

求得λ_{max}=4.020605227；$C.I.$=0.006868409；$C.R.$=0.007631565<0.10，说明判断矩阵有效。权重（W）分别是：B_{11}=0.109533；B_{12}=0.4835859；B_{13}=0.2973485；B_{14}=0.1095328。即体育风险防范知识权重为0.110；体育教学知识权重为0.484；体育教研知识权重为0.297；科学健身知识权重为0.109。

5. 体育专业技能

对体育专业技能下的各元素分配对比判断矩阵（B_{21}为体育教学设计，B_{22}为体育教学实施，B_{23}为体育教学管理，B_{24}为体育教学评价，B_{25}为沟通与合作，B_{26}为发展与反思），见表3–29。

表3–29　体育专业技能下各指标判断矩阵

B_2	B_{21}	B_{22}	B_{23}	B_{24}	B_{25}	B_{26}
B_{21}	1	1	3	2	4	4
B_{22}	1	1	3	2	4	4
B_{23}	1/3	1/3	1/2	1/2	2	2
B_{24}	1/2	1/2	2	1	2	2
B_{25}	1/4	1/4	1/2	1/2	1	1
B_{26}	1/4	1/4	1/2	1/2	1	1

求得λ_{max}=6.050231754；$C.I.$=0.010046351；$C.R.$=0.008101896<0.10，说明判断矩阵有效。权重（W）分别是：B_{21}=0.2965201；B_{22}=0.2965201；

B_{23}=0.1104396；B_{24}=0.1565934；B_{25}=0.0699634；B_{26}=0.0699634。即体育教学设计权重为0.297；体育教学实施权重为0.297；体育教学管理权重为0.110；体育教学评价权重为0.156；沟通与合作权重为0.070；发展与反思权重为0.070。

6.情感态度与价值观

对情感态度与价值观下的各元素分配对比判断矩阵（B_{31}为职业道德，B_{32}为职业热情，B_{33}为职业幸福感，B_{34}为职业规划，B_{35}为职业使命感），见表3-30。

表3-30　情感态度与价值观下各指标判断矩阵

B_3	B_{31}	B_{32}	B_{33}	B_{34}	B_{35}
B_{31}	1	2	3	3	2
B_{32}	1/2	1	2	3	1
B_{33}	1/3	1/2	1	2	1/2
B_{34}	1/3	1/3	1/2	1	1/3
B_{35}	1/2	2	3	3	1

求得λ_{max}=5.360010609；$C.I.$=0.090002652；$C.R.$=0.080359511<0.10，说明判断矩阵有效。权重（W）分别是：B_{31}=0.339488；B_{32}=0.2052703；B_{33}=0.1172185；B_{34}=0.0775147；B_{35}=0.2606086。即职业道德权重为0.339；职业热情权重为0.205；职业幸福感权重为0.117；职业规划权重为0.078；职业使命感权重为0.261。

7. 直接迁移

对直接迁移下的各元素分配对比判断矩阵（C_{11}为辨别实践中可用所学知识的场景，C_{12}为灵活运用所学知识，C_{13}为课堂教学效率提高，C_{14}为教研成果提高，C_{15}为个人心理调节更加容易），见表3-31。

表3-31　直接迁移下各指标判断矩阵

C_1	C_{11}	C_{12}	C_{13}	C_{14}	C_{15}
C_{11}	1	1/2	2	3	3
C_{12}	2	1	3	4	4
C_{13}	1/2	1/3	1	2	2
C_{14}	1/3	1/4	1/2	1	2
C_{15}	1/3	1/4	1/2	1/2	1

求得λ_{max}=5.095923424；$C.I.$=0.023980856；$C.R.$=0.021411479<0.10，说明判断矩阵有效；权重（W）分别是：C_{11}=0.2551429；C_{12}=0.4102857；C_{13}=0.1525714；C_{14}=0.1040952；C_{15}=0.0779048。即辨别实践中可用所学知识的场景权重为0.255；灵活运用所学知识权重为0.410；课堂教学效率提高权重为0.153；教研成果提高权重为0.104；个人心理调节更加容易权重为0.078。

8. 间接迁移

对间接迁移下的各元素分配对比判断矩阵（C_{21}为自我效能感，C_{22}为时间管理能力，C_{23}为团队精神，C_{24}为交流能力），见表3-32。

表3-32　间接迁移各指标判断矩阵

C_2	C_{21}	C_{22}	C_{23}	C_{24}
C_{21}	1	2	1/2	1/2
C_{22}	1/2	1	1/2	1/3
C_{23}	2	2	1	1/2
C_{24}	2	3	2	1

求得λ_{max}=4.071211088；$C.I.$=0.023737029；$C.R.$=0.026374477<0.10，说明判断矩阵有效；权重（W）分别是：C_{21}=0.192776；C_{22}=0.1209416；C_{23}=0.2694805；C_{24}=0.4168019。即自我效能感权重为0.193；时间管理能力权重为0.121；团队精神权重为0.269；交流能力权重为0.417。

9. 对学生影响

对学生影响下的各元素分配对比判断矩阵（D_{11}为学生的运动积极性、主动性，D_{12}为学生身体素质，D_{13}为体育锻炼行为），见表3-33。

表3-33　对学生影响各指标判断矩阵

D_1	D_{11}	D_{12}	D_{13}
D_{11}	1	3	2
D_{12}	1/3	1	1/2
D_{13}	1/2	2	1

求得λ_{max}=3.00920863；$C.I.$=0.004604315；$C.R.$=0.007938474<0.10，说明判断矩阵有效；权重（W）分别是：D_{11}=0.538961；D_{12}=0.1637807；D_{13}=0.2972583。即学生的运动积极性、主动性权重为0.539；学生的身体素质权重为0.164；体育锻炼行为权重为0.297。

10. 对同事影响

对同事影响下的各元素分配对比判断矩阵（D_{21}为同事间分享活动，D_{22}为组织气氛），见表3-34。

表3-34　对同事影响各指标判断矩阵

D_2	D_{21}	D_{22}
D_{21}	1	2
D_{22}	1/2	1

求得λ_{max}=2.0000；$C.I.$=0.0000；$C.R.$=0.0000<0.10，说明判断矩阵有效；权重（W）分别是：D_{21}=0.6666667；D_{22}=0.3333333。即同事之间的分享活动权重为0.667；组织气氛权重为0.333。

11. 对学校影响

对学校影响下的各元素分配对比判断矩阵（D_{31}为体育专业发展活动的开展，D_{32}为获得体育荣誉），见表3-35。

表3-35　对学校影响各指标判断矩阵

D_3	D_{31}	D_{32}
D_{31}	1	2
D_{32}	1/2	1

求得λ_{max}=2.0000；$C.I.$=0.0000；$C.R.$=0.0000<0.10，说明判断矩阵有效；权重（W）分别是：D_{31}=0.6666667；D_{32}=0.3333333。即体育专业发展活动的开展权重为0.667；获得体育荣誉权重为0.333。

总之，通过运用层次分析法，本研究最终得到了一个完整的体育教师培训绩效评价指标体系，见表3-36。

表3-36 培训绩效评价指标体系

目标层	一级指标	二级指标	三级指标	权重
体育教师培训绩效评价指标	A反应层 0.187	A_1培训内容 0.539	A_{11}内容趣味性	0.142
			A_{12}内容实用性	0.383
			A_{13}内容新颖性	0.128
			A_{14}内容针对性	0.347
		A_2培训实施 0.297	A_{21}培训方式	0.466
			A_{22}培训任务量	0.277
			A_{23}进度安排	0.161
			A_{24}评价考核方式	0.096
		A_3培训师资 0.164	A_{31}工作态度	0.294
			A_{32}知识水平	0.157
			A_{33}教学能力	0.460
			A_{34}沟通能力	0.089
	B学习层 0.412	B_1体育专业知识 0.400	B_{11}体育风险防范知识	0.110
			B_{12}体育教学知识	0.484
			B_{13}体育教研知识	0.297
			B_{14}科学健身知识	0.109
		B_2体育专业能力 0.400	B_{21}体育教学设计	0.297
			B_{22}体育教学实施	0.297
			B_{23}体育教学管理	0.110
			B_{24}体育教学评价	0.156
			B_{25}沟通与合作	0.070
			B_{26}发展与反思	0.070
		B_3情感态度和价值观 0.200	B_{31}职业道德	0.339
			B_{32}职业热情	0.205
			B_{33}职业幸福感	0.117
			B_{34}职业规划	0.078
			B_{35}职业使命感	0.261
	C个人层 0.293	C_1直接迁移 0.667	C_{11}辨别实践中可用所学知识的场景	0.255
			C_{12}灵活运用所学知识	0.410
			C_{13}课堂教学效率提高	0.153
			C_{14}教研成果提高	0.104
			C_{15}个人心理调节更加容易	0.078

（续表）

目标层	一级指标	二级指标	三级指标	权重
体育教师培训绩效评价指标	C个人层 0.293	C_2间接迁移 0.333	C_{21}自我效能感	0.193
			C_{22}时间管理能力	0.121
			C_{23}团队精神	0.269
			C_{24}交流能力	0.417
	D利益相关者层 0.108	D_1对学生的影响 0.623	D_{11}学生的运动积极性、主动性	0.539
			D_{12}学生的身体素质	0.164
			D_{13}体育锻炼行为	0.297
		D_2对同事的影响 0.137	D_{21}同事之间的分享活动	0.667
			D_{22}组织气氛	0.333
		D_3对学校的影响 0.240	D_{31}体育专业发展活动的开展	0.667
			D_{32}获得体育荣誉	0.333

各指标的权重是在各位专家打分基础上，研究者根据全体专家对各指标的平均分进行主观赋值，利用层次分析法得出各个指标的权重。因为培训绩效包含四部分，每一部分的绩效内容都有所不同，这就决定了在整个绩效中的重要程度会有一定的区别。在一级指标中，学习层的权重最大，其次是个人层，再次是反应层，最后是利益相关者层。这为评价培训绩效各个方面的重要性指出了方向，也使决策者对培训的绩效各个组成部分的重要性有整体认识。同时，同一个层次中，各组成因素的重要性又有差异。通过各三级指标的权重分析，可以为具体的教师培训环节的准备方向和力度提供参考。另外，可能在工作实践中，一些培训绩效的评价工作受一些特殊条件的限制，如对于D_{32}（获得体育荣誉）指标，可能受训教师在培训后的一段时间里，没有获得过任何代表学校参加比赛的机会影响。因为权重的存在，该指标对整体绩效评价的影响不大。

第五节　中小学体育教师培训绩效评价指标的标准

评价指标的标准是针对评价对象应该达到的基本要求或者基本水平的界定，是对中小学体育教师培训绩效评价指标的进一步明确，使绩效评价有所根据，让绩效评价得以实现。评价指标标准的释义主要根据《小学教师专业标准（试行）》[①]《中学教师专业标准（试行）》[②]《中小学教师职业道德规范》（2013年修订）[③]《体育教学论》[④]《学校体育学》[⑤]相关的表述归纳而来。

一、反应层下的各指标标准

内容趣味性：培训内容生动，使受训教师对培训内容感兴趣，愿意接受培训。内容实用性：培训内容能解决体育教学中的实际问题；能促进体育教师专业成长。内容新颖性：培训内容有当前中小学体育教学的热点；培训内容有一定的前沿性，使受训教师有耳目一新的感受。内容针对性：培训主题明确，指向性强；内容的讲授围绕培训主题。

培训方式：培训方式灵活多样；体现培训师为主导、受训教师为主体；培训过程自然、流畅。培训任务量：培训所含信息量安排适宜，便于受训体育教师消化与吸收。进度安排：按制订的培训计划进行；培训节奏适中，有助于掌握所学内容；不会出现培训课提早结束或者拖堂。评价考核方式：评价考核适当、有度；客观、全面地反映受训体育教师的培训学习状况。

工作态度：情绪饱满，教态端庄得体，着装整洁；无迟到、早退、随意下课等现象；仔细备课、授课认真、讲解细致。知识水平：具有系统、精深、扎实的体育专业基础理论知识；具有丰富的体育学科发展前沿知识，了解体育学科的最新发展动态；具备教育学、教育心理学知识。教学能力：语言表达生动形象，通俗易懂；教学方法灵活；培训有的放矢，能调动受训教师的学习积极性；动作示范准确，保护帮助适时有效。沟通能力：具有较强的沟通意识；积极主动与受训教师平等交流，及时了解受训教师培训需求和培训反馈。

二、学习层下的各指标标准

体育风险防范知识：学生体育运动中所存在的风险预防和急救知识。体育教学知识：与体育授课相关联的体育知识和教育知识。体育教研知识：开展

①教育部. 小学教师专业标准（试行）[Z]. 2012.

②教育部. 中学教师专业标准（试行）[Z]. 2012.

③教育部. 中小学教师职业道德规范[Z]. 2013.

④毛振明. 体育教学论[M]. 北京：高等教育出版社，2012：173-268.

⑤潘绍伟，于可红. 学校体育学[M]. 北京：高等教育出版社，2015：256-348.

体育教学研究的方法、手段等知识。科学健身知识：体育锻炼的训练学、生理学、心理学、运动营养学、体育保健学知识。

体育教学设计：科学设计体育教学目标和体育教学计划；合理利用教学资源和方法设计教学过程。体育教学实施：营造良好的体育学习环境与氛围，激发与保护学生的体育锻炼兴趣；有效调控教学过程。体育教学管理：针对学生身心发展特点，组织开展有益身心健康发展的体育教育活动；妥善应对教学中突发事件。体育教学评价：掌握多种评价方法，多角度、全过程评价学生体育发展；自我评价教学效果，及时改进体育教学工作。沟通与合作：了解学生，平等地与学生进行沟通交流；与家长进行有效沟通合作，共同促进学生身心发展；与同事合作交流，分享经验和资源共同发展。发展与反思：主动整理和分析教学信息，不断进行思考，完善体育教学工作；针对体育教学工作中的现实需要与问题，进行探索和研究。

职业道德：忠于人民的教育事业，树立正确的教师职业道德风范，依法执教，爱岗敬业、严谨教学、热爱学生，不体罚学生，树立正确的思想观念。职业热情：渴望教书育人，热爱体育教学。职业幸福感：对从事体育工作内心充满喜悦。职业规划：每学期的思想水平和业务能力有明确目标；对带队成绩或职称的评定有明确规划。职业使命感：对体育教师职业的作用有清晰的认识。

三、个人层下的各指标标准

辨别实践中可用所学知识的场景：对培训学习内容所运用的条件有清晰认识。灵活运用所学知识：根据体育教学需要，合理运用培训知识。课堂教学效率提高：学生掌握动作技能所花费时间减少。教研成果提高：撰写的调研报告、研究报告、教学案例被校级及以上单位采纳，论文论著在省级刊物公开发表，参加校级示范课。个人心理调节更加容易：对学生失常的表现不发火；对教学中的困难放平心态。

自我效能感：对体育教学充满信心。时间管理能力：上班、上课不迟到和早退；教学过程中时间控制较好。团队精神：参加体育教研组活动，履行职责和义务。交流能力：与学生、同事沟通加强。

四、利益相关者层下的各指标标准

学生的运动积极性、主动性：学生参加体育锻炼的态度。学生的身体素质：力量、速度、耐力、灵敏、柔韧等机能。体育锻炼行为：以体育意识为引领，以健康体育健身知识为指导，运用各种体育技能促进健康的行为。

同事之间的分享活动：与同事交流培训收获与心得。组织气氛：教研组活动热情提高、团队意识强。

体育专业发展活动的开展：参与组织除校运动会和大课间之外的体育活动；出任县区及县区以上运动会裁判或教练员。获得体育荣誉：体育教学在县区及县区以上示范交流或获奖，或体育竞赛获县区及县区以上比赛名次，见表3-37。

表3-37　指标说明

一级指标	三级指标	说明
反应层	内容趣味性	培训内容生动，使受训教师对培训内容感兴趣，愿意接受培训
	内容实用性	培训内容能解决体育教学中的实际问题；能促进体育教师专业成长
	内容新颖性	培训内容有当前中小学体育教学的热点；培训内容有一定的前沿性，使受训教师有耳目一新的感受
	内容针对性	培训主题明确，指向性强；内容的讲授围绕培训主题
	培训方式	培训方式灵活多样；体现培训师为主导、受训教师为主体；培训过程自然、流畅
	培训任务量	培训所含信息量安排适宜，便于受训教师消化与吸收
	进度安排	按制订的培训计划进行；培训节奏适中，有助于掌握所学内容；不会出现培训课提早结束或者拖堂
	评价考核方式	评价考核适当、有度；客观、全面地反映受训体育教师的培训学习状况
	工作态度	情绪饱满，教态端庄得体，着装整洁；无迟到、早退、随意下课等现象；仔细备课、认真授课、讲解细致
	知识水平	具有系统、精深、扎实的体育专业基础理论知识；具有丰富的体育学科发展前沿知识，了解体育学科的最新发展动态；具备教育学、教育心理学知识
	教学能力	语言表达生动形象，通俗易懂；教学方法灵活；培训有的放矢，能调动受训教师的学习积极性；动作示范准确，保护帮助适时有效
	沟通能力	具有较强的沟通意识；积极主动与受训教师平等交流，及时了解受训教师培训需求和培训反馈

（续表）

一级指标	三级指标	说明
学习层	体育风险防范知识	学生体育运动中所存在的风险预防和急救知识
	体育教学知识	与体育教学相关联的体育知识和教育知识
	体育教研知识	开展体育教学研究的方法、手段等知识
	科学健身知识	体育锻炼的训练学、生理学、心理学、运动营养学、体育保健学等知识
	体育教学设计	科学设计体育教学目标和体育教学计划；合理利用教学资源和方法设计教学过程
	体育教学实施	营造良好的体育学习环境与氛围，激发与保护学生的体育锻炼兴趣；有效调控教学过程
	体育教学管理	针对学生身心发展特点，组织开展有益身心健康发展的体育教育活动；妥善应对教学中突发事件
	体育教学评价	掌握多种评价方法，多角度、全过程评价学生体育发展；自我评价教学效果，及时改进体育教学工作
	沟通与合作	了解学生，平等地与学生进行沟通交流；与家长进行有效沟通合作，共同促进学生身心发展；与同事合作交流，分享经验和资源共同发展
	发展与反思	主动整理和分析教学信息，不断进行思考，完善体育教学工作；针对体育教学工作中的现实需要与问题，进行探索和研究
	职业道德	忠于人民的教育事业，树立正确的教师职业道德风范，依法执教，爱岗敬业、严谨教学、热爱学生，不体罚学生，廉洁从教，为人师表
	职业热情	渴望教书育人，热爱体育教学；做好教书育人工作；每节课都精神饱满
	职业幸福感	对从事体育教育工作内心充满喜悦；在体育教学过程中，感到充实；与同事相处融洽
	职业规划	每学期的思想水平和业务能力有明确目标；对带队成绩或职称的评定有明确计划
	职业使命感	对体育教育在学生、社会、国家方面的责任有清晰的认识

（续表）

一级指标	三级指标	说明
个人层	辨别实践中可用所学知识的场景	对培训学习内容所运用的条件有清晰认识
	灵活运用所学知识	根据体育教学需要，合理运用培训知识；在实践工作中进行各种经验的整合
	课堂教学效率提高	学生掌握动作技能所花费时间减少；学生动作技能正确率提高
	教研成果提高	撰写的调研报告、研究报告、教学案例被校级及以上单位采纳，论文论著在省级刊物公开发表，参加校级示范课
	个人心理调节更加容易	对学生失常的表现不发火；对教学中的困难能放平心态
	自我效能感	对从事好体育教学充满信心；对解决好体育教学困难充满信心
	时间管理能力	上班、上课不迟到和早退；教学过程中时间控制较好
	团队精神	参加体育教研组活动，履行自己的职责和义务；积极组织参加学校内外的体育活动
	交流能力	加强与学生、家长、同事的沟通
利益相关者层	学生的运动积极性、主动性	学生参加课堂内外体育锻炼的态度
	学生的身体素质	力量、速度、耐力、灵敏、柔韧等机能
	体育锻炼行为	以体育意识为引领，以健康体育健身知识为指导，运用各种体育技能促进健康的行为
	同事之间的分享活动	与同事交流培训收获与心得
	组织气氛	教研组活动热情提高、团队意识强
	体育专业发展活动的开展	参与组织除校运动会和大课间之外的体育活动；出任县区及县区以上运动会裁判或教练员
	获得体育荣誉	体育教学在县区及县区以上示范交流或获奖，或体育竞赛获县区及县区以上比赛名次

第六节　基于构建的中小学体育教师培训绩效评价体系分析

在指标体系构建完成后和开始实证研究前，要对其进行理论分析，因为评价体系是在中小学体育教师培训绩效评价理论指导下构建完成的，所以首先从理论上，对评价指标体系是否符合绩效评价理论要求做出评判；其次对指标权重进行考察，分析有无不合理的情况。

一、指标分析

（一）体现了绩效评价的理论基础

中小学体育教师培训绩效评价的理论基础是教育评价理论、学习理论、软系统分析理论、利益相关者理论、培训迁移理论、教师专业能力理论。教育评价理论中的参与取向理论体现在利益相关者层的评价指标构建上，其指标涉及对学校的影响、对同事的影响、对学生的影响。同时，课程内容的评价指标、培训师资的评价指标也是在教育评价理论指导下梳理出来的。软系统分析理论主要体现在各一级指标的关系上，以及一级指标与下属的二、三级指标的关系上。利益相关者理论体现在一级指标中的最后一个层次的指标建立上，都是围绕与受训体育教师有工作利益关系者而展开构建的。培训迁移理论主要体现在个人层的绩效评价指标方面，将个人层的下设指标分为直接迁移与间接迁移。教师专业能力理论主要体现在学习层下属指标的构建上，指标从专业知识、专业能力、情感态度与价值观方面进行构建。

（二）体现了绩效评价的基本原则

中小学体育教师培训绩效评价的基本原则是定量分析与定性分析相结合、综合评价和重点评价相结合、形成性评价与总结性评价相结合、即刻评价与追踪评价相结合。指标中课程内容、培训实施、培训师资等指标都是从定量的角度进行评价，而对学校影响的评价指标则从定性的角度进行评价。在综合评价和重点评价方面，指标对绩效的各组成部分进行评价，同时又突出了学习层与个人层的评价。在形成性评价与总结性评价方面，不同层次的培训绩效评价结果最终构成了对培训绩效的整体评价。在即刻评价与追踪评价相结合原则方面，反应层指标与学习层指标是即刻评价，个人层与利益相关者层指标是追踪评价。在系统性评价原则方面，培训绩效评价指标按照一级指标、二级指标、三级指标的层次关系进行确立，各指标为所属的上个层级服务。

（三）指标合理性

指标从反应层、学习层、个人层、利益相关者层四个维度构建，针对培训层级绩效。四个维度分别包括12个、15个、9个、7个三级指标，总指标数量适中。

二、权重分析

从表3-36中可见，四个一级指标的权重值：反应层为0.187，学习层为0.412，个人层为0.293，利益相关者层为0.108。学习层的权重最高，个人层其次，而利益相关者层最低，反映了培训对受训体育教师个体的重要性。而反应层的权重，既不过分突出它的重要性，但作为其他三层绩效的基础，它的权重也没有丧失其基础地位。从二级指标分析，反应层部分，培训内容（内容趣味性、实用性、新颖性、针对性）权重值最高，为0.539，体现了培训内容对培训的重要影响。在学习层部分，体育专业知识和体育专业能力的权重值相同，都为0.400，突出了专业知识和体育专业能力的重要性。在个人层部分，直接迁移的权重值为0.667，较间接迁移的权重值0.333高，体现了培训内容直接运用到工作上的重要性。在利益相关者层部分，对学生的影响权重值最高，为0.623，体现了在利益相关者中，教师培训对学生的作用最为重要。

综上所述，构建的中小学体育教师培训绩效评价体系按体育教师培训绩效评价相关理论制定，构建指标达到了合理性的要求，其具体评价实践的可操作性需要经过进一步的实证研究。

第四章　中小学体育教师培训绩效评价验证分析

第一节　江西省中小学体育教师综合性培训概况

2010年以前，江西省承办国家级中小学体育教师培训的单位，主要是江西师范大学和江西教育学院（现改名为南昌师范学院）。从2010年开始，国家开始实施中小学教师国家级培训计划，简称“国培计划”，江西师范大学成为首批9所承办“国培计划”高校中的1所。随着“国培计划”实施的持续深入，教育部通过第三方招标的形式，允许更多的高校参与“国培计划”，随后江西科技师范大学、豫章师范学院（前南昌师范高等专科学校，2017年改名）通过竞标的方式先后承担了国家级中小学体育教师培训工作。“国培计划”包括两个项目：中小学教师示范性培训项目和中西部农村骨干教师培训项目。由于教育部规定了承办中小学教师示范性培训项目的学校名单，江西省无一所高校获得承办体育类示范培训项目的资格，因此江西承办中小学体育教师国培的项目主要是中西部农村骨干教师培训项目。由于江西本是农业大省，乡村中小学较多，体育教师人数也多，所以，江西省国家级体育教师培训的对象主要是省内的农村中小学体育教师。据统计，从2010年至2017年，江西师范大学培训了576位中小学体育教师。豫章师范学院承办了2016年、2017年国家级培训，培训中小学体育教师人数分别为95人、196人。江西科技师范大学承办了2011年国家级培训，培训中小学体育教师58人。从承办单位分析，江西省国家级体育教师培训的机构均为高等师范院校。

第二节　中小学体育教师培训绩效评价方案

在现实培训中，对培训绩效评价理论进行实践具有很大的挑战性。本研究依据前面章节分析的中小学体育教师培训绩效评价的理论，从实用性角度，根据构建的中小学体育教师培训绩效评价体系，进行有关的调查表设计，并确定评价主体、数据采集方法、数据采集时间、数据的计算等，以达到对所构建的中小学体育教师培训绩效评价体系验证的目的。

一、体育教师培训绩效评价指标转化为实操量表

（一）针对反应层、学习层、个人层的转化

由于体育教师培训绩效评价中的反应层、学习层、个人层，是通过受训体育教师对培训做出的反馈，采取调查问卷的形式比较适宜，因此，将培训绩效评价指标转化为调查问卷。

1. 调查问卷以指标体系为依据

本研究指标体系的构建是根据国家教师培训目标，通过查阅关于绩效评价、教师培训、体育教师专业能力等大量文献资料后，初步建立指标，再由专家群体进行指标的筛选，最终确立了指标和权重。该指标体系是从系统的角度，使不同层次的培训绩效具体化，其根本目的是通过这些指标反映培训的整体绩效，使培训的决策者、组织者、承办者了解培训开展的具体情况，发现其不足，为培训工作的改进提出客观依据。因此，从培训绩效测评的角度，依据评价指标，设计绩效评价的调查问卷。简而言之，就是根据评价指标，按Likert 5级量表设计方法，分为很满意、满意、一般、不满意、很不满意5个级别，设计调查问卷。如针对反应层中的三级指标培训内容的趣味性，设计五个选项，分别为很满意、满意、一般、不满意、很不满意，反应层的其他三级指标及学习层、个人层的三级指标都是同原理进行设计。本研究根据前期已设计好的指标体系，分别设计了反应层、学习层、个人层的调查问卷，分别见附录7、附录8和附录9。

2. 调查问卷的检验

通过对江西省豫章师范学院于2017年11月8日承办的“国培计划”南昌中小学体育教师培训（该样本也是后续的验证样本）发放问卷，该培训为贯彻落实《教育部关于深化中小学教师培训模式改革全面提升培训质量的指导意见》（教师〔2013〕6号）精神，切实提高中小学体育教师专业能力，完成工作目

标。该培训从2017年11月18日开始，分四个阶段，每个阶段2天，均安排到周末，分别为11月18日至19日、11月25日至26日、12月2日至3日、12月9日至10日，共计8天。另外，远程网络专题学习50学时贯穿整个培训过程。培训对象为南昌市在职中小学体育教师，总共196人。发放所设计的问卷196份，回收192份，其中有效问卷190份，有效率为96.94%。一般认为测量样品数*N*应达到变量数*P*值的5倍以上为合适[①]，问卷包含36个变量，样本数要达到180以上，而本研究的样本数为190，符合要求。

（1）信度检验

信度代表可靠性，是采取同样的方法、手段对相同的对象重复进行测量，所测量的结果一致的程度，即信度反映的是测量结果的稳定性或者一致性，换而言之，就是测量工具能否较稳定地测量所测的事物或者变量。信度检验一般采用再测信度、复本信度和折半信度。本研究采用再测信度来检验信度。具体的检验过程和结果见“绪论”研究方法中的问卷调查法。

（2）效度检验

效度也称为有效度和准确度。它表示测量手段或者测量工具能够准确测出所测量的变量的程度，或者说能够准确、真实地度量被测事物属性的程度。根据美国的《教育与心理测量标准》提出的效度分类标准，效度包括内容效度、结构效度、效标效度[②]。由于没有其他的体育教师培训绩效评价量表作为效标，只能用内容效度和结构效度进行效度检验。

①问卷内容效度的检验

问卷内容效度是反映测量内容或者测量指标对所要测量的内容之间的适合性和逻辑相符性。该问卷是依据前期确立的体育教师培训绩效评价指标体系而制定的。前期的指标是先通过逻辑分析法，再通过相关专家的一致性的认可而确定的。所以此问卷的内容效度已得到前面的检验，无须重复进行。

②问卷结构效度的检验

问卷结构效度是指测量的假设属性或理论概念测量到的程度。由于所设计

①梅雪雄. SPSS在体育统计中的应用［M］. 北京：人民体育出版社，2008：343.

②American Educational Research Association，American Psychological Association，National Council on Measurement in Education.Standards for Educational and Psychological Testing［M］. Washington DC：American Educational Research Association，2014：114-156.

的问卷包含36个三级指标，它们分别从属3个一级指标，培训内容的趣味性、培训内容的实用性、培训内容的新颖性、培训内容的针对性、培训方式、培训任务量、培训进度安排、培训评价考核方式、培训师的工作态度、培训师的知识水平、培训师的教学能力、培训师的沟通能力属于反应层；培训内容涉及体育风险防范知识、培训内容涉及体育教学知识、培训内容涉及体育教研知识、培训内容涉及科学健身知识、培训内容涉及体育教学设计内容、培训内容涉及体育教学实施内容、培训内容涉及教学管理知识、培训内容涉及体育教学评价内容、培训内容涉及沟通与合作的内容、培训内容涉及发展与反思的内容属于学习层；辨别实践中可用所学知识的场景、灵活运用所学知识、课堂教学效率提高、教研成果提高、个人心理调节更加容易、自我效能感增强、时间管理能力提高、团队精神提高、交流能力得到提升属于个人层。因此对36个三级指标进行探索性因子分析。

A. KMO检验和Bartlett检验

关于这36个三级指标是否适合进行因子分析，首先进行KMO检验和Bartlett检验，见表4-1。

表4-1 KMO和Bartlett的球形检验

	近似卡方	*df*	*P*
Bartlett的球形度检验	8354.414	630	0.000

根据表4-1 KMO 和 Bartlett 的球形度检验，36个三级指标的KMO检验值为0.903，统计学中给出了一个KMO标准：KMO≥0.9，非常适合；0.8≤KMO<0.9，适合；0.7≤KMO<0.8，一般；0.6≤KMO<0.7，不太适合。KMO值为0.903，表明样本有共同因素存在，适合进行因子分析，同时，Bartlett 的球形检验的*P*值为0.000<0.01，统计学中当球形检验的*P*<0.05时，可认为样本适合做因子分析①，本研究中的球形检验达到显著性水平，表明样本适合做因子分析。

B. 探索性因子分析

对36个三级指标用主成分分析法抽取3个公共因子，即3个一级指标进行探索性因子分析。结果见表4-2。

①梅雪雄. SPSS在体育统计中的应用［M］. 北京：人民体育出版社，2008：344.

表4-2　因子提取和因子旋转结果

成分	初始特征值			提取平方和载入			旋转平方和载入		
	合计	方差/%	累积/%	合计	方差/%	累积/%	合计	方差/%	累积/%
1	16.241	45.113	45.113	16.241	45.113	45.113	10.091	28.031	28.031
2	6.865	19.068	64.181	6.865	19.068	64.181	8.578	23.827	51.859
3	2.641	7.337	71.518	2.641	7.337	71.518	7.077	19.660	71.518
4	1.272	3.534	75.052						
5	1.111	3.085	78.137						
6	0.808	2.245	80.382						
7	0.648	1.799	82.181						
8	0.612	1.700	83.881						
9	0.517	1.436	85.317						
10	0.485	1.347	86.664						
11	0.446	1.240	87.904						
12	0.419	1.164	89.068						
13	0.371	1.032	90.099						
14	0.352	0.978	91.078						
15	0.333	0.924	92.002						
16	0.287	0.797	92.799						
17	0.277	0.770	93.569						
18	0.247	0.686	94.255						
19	0.241	0.670	94.925						
20	0.214	0.595	95.520						
21	0.182	0.504	96.025						
22	0.176	0.488	96.513						
23	0.159	0.442	96.955						
24	0.145	0.402	97.357						
25	0.138	0.385	97.741						
26	0.127	0.353	98.094						
27	0.114	0.318	98.412						
28	0.101	0.280	98.692						
29	0.091	0.254	98.946						
30	0.079	0.220	99.166						

（续表）

成分	初始特征值			提取平方和载入			旋转平方和载入		
	合计	方差/%	累积/%	合计	方差/%	累积/%	合计	方差/%	累积/%
31	0.075	0.208	99.374						
32	0.068	0.189	99.563						
33	0.056	0.155	99.719						
34	0.049	0.137	99.856						
35	0.034	0.096	99.951						
36	0.018	0.049	100.000						

从表4-2可见，主成分分析法抽取出了3个公共因子，其累计贡献率为71.518%，当累计贡献率大于60%时，抽取公共因子成立。

对每一个变量而言，其在哪一个因子上的载荷绝对值最大，就表明将其归于哪一个因子。从表4-3可知，培训内容的趣味性、培训内容的实用性、培训内容的新颖性、培训内容的针对性、培训方式、培训任务量、培训进度安排、培训评价考核方式、培训师的工作态度、培训师的知识水平、培训师的教学能力、培训师的沟通能力在成分2中的载荷绝对值最大，应归属于同一个公共因子；培训内容涉及体育风险防范知识、培训内容涉及体育教学知识、培训内容涉及体育教研知识、培训内容涉及科学健身知识、培训内容涉及体育教学设计内容、培训内容涉及体育教学实施内容、培训内容涉及体育教学管理内容、培训内容涉及体育教学评价内容、培训内容涉及沟通与合作的内容、培训内容涉及发展与反思的内容在成分1中的载荷绝对值最大，应归属于同一个公共因子。辨别实践中可用所学知识的场景、灵活运用所学知识、课堂教学效率提高、教研成果提高、个人心理调节更加容易、自我效能感增强、时间管理能力提高、团队精神提高、交流能力得到提升在成分3中的载荷绝对值最大，应归属于同一个公共因子。

表4-3　旋转后的因子载荷矩阵

	成分		
	1	2	3
趣味性	0.413	0.732	-0.069
实用性	0.366	0.816	-0.055
新颖性	0.356	0.742	0.074

（续表）

	成分		
	1	2	3
针对性	0.316	0.805	0.047
培训方式	0.378	0.757	0.116
培训任务量	0.325	0.683	0.067
培训进度安排	0.382	0.736	0.003
培训评价考核方式	0.445	0.647	0.041
培训师的工作态度	0.259	0.809	0.097
培训师的知识水平	0.239	0.827	0.132
培训师的教学能力	0.299	0.757	0.029
培训师的沟通能力	0.296	0.801	0.129
涉及体育风险防范知识	0.792	0.293	−0.051
涉及体育教学知识	0.646	0.395	0.062
涉及体育教研知识	0.732	0.397	0.036
涉及科学健身知识	0.779	0.333	−0.015
涉及体育教学设计内容	0.717	0.345	0.114
涉及体育教学实施内容	0.716	0.399	−0.013
涉及体育教学管理内容	0.806	0.381	−0.070
涉及体育教学评价内容	0.796	0.313	−0.048
涉及沟通与合作的内容	0.734	0.381	0.082
涉及发展与反思的内容	0.802	0.299	0.022
职业道德	0.719	0.220	0.126
职业热情	0.794	0.119	0.031
职业幸福感	0.768	0.294	0.111
职业规划	0.758	0.271	0.155
职业使命感	0.794	0.299	0.096
辨别实践中可用所学知识的场景	0.126	−0.035	0.805
灵活运用所学知识	0.128	0.033	0.817
课堂教学效率提高	0.045	0.084	0.879
教研成果提高	−0.004	0.050	0.912
个人心理调节更加容易	−0.021	0.138	0.884
自我效能感	0.035	0.098	0.926

（续表）

	成分		
	1	2	3
时间管理能力	-0.015	0.006	0.895
团队精神	0.093	0.055	0.870
交流能力	-0.019	0.017	0.885

一般而言，如果因子分析提取的公因子与量表设计时确定的各领域有密切的逻辑关系，则说明量表有较好的结构效度①。因此，问卷的结构效度符合要求，这也说明指标体系构建合理。

（二）对利益相关者层的转化

利益相关者层的评价是整个绩效评价中最复杂的，它的评价指标转化为实操评价指标也最为复杂。在这个层次的评价是采取抽样评价的方式，即对受训中小学体育教师的抽样，再由学生、同事、学校对他们进行培训绩效评价。因此，对利益相关者层指标的实操转化涉及三个部分：受训体育教师对学生的影响、受训体育教师对同事的影响、受训体育教师对学校的影响。针对学生对受训体育教师的评价，主要是受训体育教师培训前后对学生的影响，包括积极性和主动性、身体素质、锻炼行为。对同事的影响分为分享活动、组织气氛。对学校的影响分为参与体育专业发展活动、体育荣誉。对学生的影响，按Likert 5级量表设计方法，分为提高很多、有所提高、基本不变、有所下降、下降很多5个级别，设计调查问卷，见附录10。对同事影响评价，由于涉及两方面内容，一是分享活动，二是组织气氛。分享活动主要是受训体育教师回到工作单位，是否做了培训汇报，分享了培训的体会与感受。这种情况只有两种状态：有或者无。因此分享活动的实操评价指标就是有和无两个选项。组织气氛这一指标则是按Likert 5级量表设计方法，分为改善很多、有所改善、基本不变、有所下降、下降很多5个级别，见附录11。对学校影响评价，其评价的指标有两个：参与体育专业发展活动和体育荣誉。这两个指标也只会有两种情况：有或者无。因此，实操评价指标就是有和无两个选项，见附录12。

①蒋小花，沈卓之，张楠楠，等. 问卷的信度和效度分析［J］. 现代预防医学，2010（3）：431.

1. 内容效度的检验

评价的内容先通过逻辑分析法，再通过相关专家的一致性的认可而确定。所以内容效度已得到检验，无须重复进行。

2. 结构效度的检验

基于利益相关者层中的各评价表的结构不一致，有的可以按Likert 5级量表设计方法，但有的只可以分为2级，且采取的数据收集的方法与反应层、学习层、个人层不同，因此，这个层次的指标转换成实操的量表，其结构效度只可以通过专家评价法进行检验，即专家打分的形式来进行评价。专家打分法适用于存在诸多不确定因素、采用其他方法难以进行定量分析。它的特点是简便，直观性强，计算方法简单，并且选择余地比较大，将能够定量计算的评价项目和无法计算的评价项目都加以考虑。选择了12位专家，对所设计的结构进行5级打分，5级分别为非常合适、合适、基本合适、不合适、非常不合适，其分值分别为10、8、6、4、2，设定专家的综合评分大于或等于6，即认为结构有效。在专家打分前，把结构设计的思想向各位专家说明：对于学生的影响，从积极性和主动性、学生的身体素质、体育锻炼行为三个方面衡量。学生运动的积极性和主动性、体育锻炼行为采用学生自评方式。而学生运动的积极性、主动性采取体育课出勤率和大课间出勤率是不太现实的，因为现在教育局要求即使学生生病，只要在学校就要体育见习，故出勤率都为100%。因此采取学生自评，反映受训教师回校教学后，他们的积极性和主动性、体育锻炼行为是否有所改善，分别设为5个等级：非常同意、同意、说不清、不同意、非常不同意，并且每级以100、75、50、25、0进行赋值。关于学生身体素质这一指标，则根据《国家学生体质健康标准（2014年修订）》，以学校进行国家体质测试项目的达标率与期末的测试项目的达标率相比较，分别设为5个等级：提高很多、有所提高、基本不变、有所下降、下降很多，并且分别以100、75、50、25、0进行赋值。根据本研究者参加全国体质测试工作5年的经验，各个地区的学校和同一地区的达标率差异很大。其他研究者的研究结果也支持了这一观点，如戴炜等①研究表明城市学生体质达标率为82.9%，乡村学生体质达标率为79.0%。因此，把“提高很多”定义为达标率提高5%以上，“有所提高”定义为2.01%至

①戴炜，席薇，苏媛媛，等. 天津市 2014 年 13～22 岁学生体质健康达标状况［J］. 中国学校卫生，2016（8）：1125.

4.99%，-2%至2%为基本不变；-2.01%至-4.99%为有所下降，-5%为下降很多。

对于同事的影响，从是否有分享活动，即返校是否开展了培训体会汇报，是否与同事交流了培训收获与体会心得。这种结果只有两种可能：是与否；另一个是组织气氛，即返校后，对教研室的工作气氛有所改变，分为5个级别：改善很多、有所改善、基本不变、有所下降、下降很多。

对学校的影响，包括参与体育专业发展活动、体育荣誉。参与体育专业发展活动包括参与组织除校运动会和大课间之外的体育活动；出任县区及县区以上运动会裁判或教练员，这种结果只有两种：是与否。体育荣誉包括受训教师的体育教学在县区及县区以上示范交流或获奖，或体育竞赛获县区及县区以上比赛名次，这种结果只有两种：是与否。对于打分结果，专家的人数统计见表4-4。

表4-4　对利益相关者层结构评价表

利益相关者层结构	非常合适	合适	基本合适	不合适	非常不合适
评价人数	1	7	3	1	0

根据赋值标准计算，均值为7.33分，认为结构有效。

二、评价主体和数据采集方法

在中小学体育教师培训绩效评价中，由于绩效涉及4个层次，即反应层、学习层、个人层、利益相关者层，结合培训现实情况，以科学评价为前提，根据不同的评价客体和评价主体选择的注意事项，以及360度绩效评价理论中多元评价者参与评价的核心思想，确定相应的评价主体以及数据采集方法。

（一）反应层与学习层

反应层是受训教师对培训活动的整体作出的反应，学习层是受训教师在培训中学习到的相关内容，由于受训教师是培训活动的培训对象，他们对培训有最深切、最直接的感受，因此反应层和学习层中评价主体为受训教师。对于绩效中的反应层与学习层，数据采集的方法采用问卷调查法。调查问卷见附录14。问卷调查法在培训绩效评价过程中，可以用一系列标准化的问题去了解受训体育教师对培训绩效的观点，它具有成本低、匿名情况下可反映受训体育教师真实观点的优点，提高对培训绩效评价的可信度。

（二）个人层

在个人层中，由于受训体育教师将培训内容内化后，运用到教学工作中，因而对于内化的过程，他们有更深刻的体会和发言权。另外，如果采用受训体育教师进行评价，也是受训体育教师对培训内容内化的自我评价。尽管自我评价具有一定的主观性，但作为一种将培训绩效评价主动权交给受训教师的方法，在某种程度上，有利于培训更贴近一线教师的实际工作，促使培训更务实，更主要的是有利于教师反思在培训中的收获，注重自己专业的发展轨迹，促进自我完善。因此，在培训绩效的个人层上，评价主体也为受训体育教师。数据采集采用调查问卷的形式。

（三）利益相关者层

利益相关者层是评价中最难、最复杂的部分，因为这个层次涉及多个维度：对学生的影响、对同事的影响、对学校的影响。所以评价主体也是多方面的，既涉及学生对受训体育教师的评价、同事对受训体育教师的评价、校方对受训体育教师的评价，特别是学生对受训体育教师的评价，又涉及整个班级学生对受训体育教师的评价。因此，对所有受训体育教师进行评价，在现实操作上有相当大的难度。抽样调查是一种非整体调查的方法，它是从全部样本中，抽取一部分样本进行调查研究，并根据样本研究结果对整体研究对象做出评估的调查方法。虽然抽样调查为非全面调查，但它提供一种“通过部分认识整体”的途径和手段①。所以，这个层次的评价采用的方法是抽样调查，即按1∶25的比例随机选取受训体育教师，且兼顾小学、中学体育教师，让学生、同事、学校对他们进行受训后评价，他们评价的结果代表整个培训中利益相关者层的培训绩效水平。

1. 对学生的影响

学生运动的积极性和主动性、体育锻炼行为这两个指标主要是通过学生填写问卷的形式完成评价，问卷见附录15。反映受训教师回校教学后，是否促进了学生运动积极性和主动性、体育锻炼行为的改善，分别设为5个等级：提高很

①风笑天. 现代社会调查方法［M］. 武汉：华中科技大学出版社，2017：49.

多、有所提高、基本不变、有所下降、下降很多，并且每级以100、75、50、25、0进行赋值。身体素质是否有所改善，数据的采集采用测量法。测量法主要是对学生的体质进行前后测量，再进行对比。

2. 对同事的影响

这一方面的评价，由受训体育教师的同事评价来实现，其数据的采集通过访谈同事。访谈法是和一个人或多个人进行交谈，以了解受访人的观点，它具有灵活、可以进行解释和澄清、能深入了解某些信息等特点，可以反映受训体育教师受训前后的变化。

3. 对学校的影响

这一方面的评价，其数据的采集主要通过档案袋法。档案袋法是使用有记录的信息，作为受训教师在培训后对学校所做贡献的依据，它具有可靠、客观的特点。

三、数据收集的时间

培训绩效由4个层次组成，反应层和学习层可以在培训完成后即刻体现，故在培训结束后就可以进行数据信息的收集，而绩效的个人层是受训教师将培训内容内化后运用于工作实践，利益相关者层则是受训教师的工作对利益相关者发挥的作用。二者不是培训完即刻就体现出来的，具有一定的滞后性，因此要在培训活动结束后的一段时间内进行数据信息收集，但时间又不能太长，以防止受训教师遗忘培训内容，避免收集信息失真，所以这两部分的绩效在培训活动结束后一段时间内进行收集，按惯例，均在培训后3个月左右进行①。

四、数据的计算

（一）确定三级指标的数据无量纲化

数据的无量纲化，也被称为数据的标准化、规格化，是借助数学变换来消

①徐庆文，裴春霞. 培训与开发［M］. 济南：山东人民出版社，2003：3-4.

除原始变量量纲影响的方法[①②]。不同的评价指标具有不同的计量单位，如主观测量指标和客观测量指标的单位就明显不同，另外，即使是具有相同计量单位的不同指标，由于标准制不同，数值的大小所反映出的水平有可能存在很大差异，这就是量纲不同。如果在数据统计中，直接用这些量纲不同的指标数值进行综合，就会导致数值较大，指标的作用放大。因此，需事先对所有数据进行无量纲化处理。数据无量纲化处理的方法有很多种，其中应用最多的是直线型方法。直线型方法是在将指标实际值转化为不受量纲影响的指标评价值时，认为二者呈线性相关关系，即指标评价值会按相应的比例，随着指标实际值的变化而发生相应的改变。在直线型方法中，阈值法是其中的一种形式，是最常用的无量纲化法。它是将指标的实际值与一个确定的标准阈值相对比，使指标实际值转换为评价值的一种方法。阈值法的优点是简单易行，并且使评价值易于理解和说明，即评价值可解释为实际值相对于评价标准的实现程度。在本研究中，主要采用阈值法对体育教师培训绩效评价进行数据的转换。即阈值法指标的计算公式为标准化处理实际值与标准值的比值。

（二）计算各单项指标的实现程度分值

在对每个三级指标进行标准化处理后，通过一定的算法，采用多个指标把体育教师培训绩效的不同方面的评价值综合起来，就可以得到对绩效的总体评价结果。为了达到这个目的，需要计算出各指标的实际得分。而实际得分是该指标的实现程度与权重的乘积，即单指标的实际得分=各单项指标的实现程度×指标权重。

在实际操作过程中，为了合理地综合各单项指标的数值，凡是测量值达到或者超过标准值的（即比值在100%以上）均算100%，就把其权重认定为实际得分。对于各层指标的实际得分，其值等于其下属各个子指标得分之和。

（三）计算综合得分

计算体育教师培训绩效评价的综合得分就是对各层级指标得分进行合成，传统的指标得分合成方法有加乘混合法、乘法合成及加法合成。三种方法中，

①刘晶.城市居家老年人生活质量评价指标体系研究——以上海为例［D］.上海：华东师范大学，2005.
②余道明.体育现代化理论及其指标体系研究［D］.福州：福建师范大学，2007.

加法合成较其他两种方法，具有简单易操作，并且经济意义较为明确的特点，所以在工作实践中是人们最常用的一种指标合成方法。本研究就采用此种方法，将体育教师培训绩效评价的一级各层指标的得分相加，即体育教师培训绩效评价综合得分=所有一级指标的实际得分之和。

最后可以得出体育教师培训绩效评价的最终分值，便于对其进行判断。体育教师培训绩效评价由反应层、学习层、个人层、利益相关者层的分值按0.187、0.412、0.293、0.108的权重进行相加。反应层、学习层、个人层都是通过调查问卷进行数据采集，调查问卷的每一个问题的设计都为5个选项，每个选项分别为100、75、50、25和0，计算出每一个选项的算术平均数，再依据相应权重，计算出反应层、学习层、个人层的分值。在利益相关者层中，对学生影响的评价表也是设为5个选项，每个选项分别为100、75、50、25和0，计算出每一个选项的算术平均数，根据权重，计算出对学生影响的分值。对同事影响的评价中，同事间分享活动的指标采用关键事件法进行评价，设有2个选项，分别为100和0，得出每一个选项的算术平均数，根据权重，计算出分值。组织气氛这一指标设有5个选项，每个选项也分别为100、75、50、25和0，计算出每一个选项的算术平均数，根据权重，得出对同事影响指标的分值。对学校的影响这一指标设有2个子指标，且赋值都为100和0。得出每一个选项的算术平均数，根据权重，计算出对学校的影响的分值。

综上所述，本研究根据培训绩效的不同层次，针对培训绩效的不同评价内容，采取了不同的评价主体、评价方法和评价时间的评价实施方案，如表4–5所示。

表4–5　评价实施方案

评价内容	评价方法	评价主体	评价时间
反应层	问卷调查法	受训教师	培训后即刻
学习层	问卷调查法	受训教师	培训后即刻
个人层	问卷调查法	受训教师	培训结束后2～3个月
利益相关者层	测试法、问卷调查法、档案袋法	同事、学校、学生	培训结束后2～3个月

第三节　中小学体育教师培训绩效评价试行

一、样本的选择

近几年，江西境内承办国家级体育教师培训的院校主要集中在江西师范大学、豫章师范学院。由于验证性研究是发生在体育教师培训绩效评价体系构建完成后，即在2017年11月之后，通过多方联系，确认豫章师范学院、承办国家级中小学体育教师综合性培训。豫章师范学院于2017年11月18日至12月10日进行国家级中小学体育教师综合性培训。

二、具体案例

豫章师范学院于2017年11月18日至12月10日进行国家级体育教师培训，包括现场培训与远程培训两个部分，现场培训主要集中在双休日，分为4个阶段，每个阶段2天，共计8天：11月18至19日、11月25至26日、12月2至3日、12月9至10日。远程培训50学时，贯穿整个培训过程，培训内容涉及以下几个方面：中学生运动性疾病及运动损伤的预防与处理；体育科研方法；合理地进行教学设计；体育教师心理调适策略；体育教学规律与方法研讨；足球、排球、田径、篮球教学；体育教师专业发展等。从培训内容上看，属于综合性培训。整个培训绩效评价完成时间为79天。各层次的分值如下。

（一）反应层

通过Excel软件对问卷进行统计，得出三级指标的平均换算分值，见表4–6。

表4–6　反应层三级指标分值表

一级指标	二级指标	三级指标	平均值	权重	换算分值
A反应层 0.187	A_1培训内容 0.539	A_{11}内容趣味性	90.13	0.142	12.79
		A_{12}内容实用性	88.81	0.383	34.01
		A_{13}内容新颖性	86.84	0.128	11.11
		A_{14}内容针对性	87.63	0.347	30.40
	A_2培训实施 0.297	A_{21}培训方式	88.02	0.466	41.01
		A_{22}培训任务量	86.97	0.277	24.09
		A_{23}进度安排	88.02	0.161	14.17
		A_{24}评价考核方式	89.60	0.096	8.60
	A_3培训师资 0.164	A_{31}工作态度	92.28	0.294	27.13
		A_{32}知识水平	94.07	0.157	14.76
		A_{33}教学能力	93.28	0.460	42.90
		A_{34}沟通能力	92.23	0.089	8.20

根据权重，计算出二级指标的平均换算分值，见表4-7。

表4-7　反应层二级指标分值表

一级指标	二级指标	平均值	权重	换算分值
A反应层 0.187	A_1培训内容	88.31	0.539	47.59
	A_2培训实施	87.87	0.297	26.09
	A_3培训师资	92.99	0.164	15.25

根据反应层权重0.187，计算出反应层换算分值为16.12，见表4-8。

表4-8　反应层分值表

层级名称	平均值	权重	换算分值
反应层	88.93	0.187	16.62

（二）学习层

通过Excel软件对问卷进行统计，得出三级指标的平均换算分值，见表4-9。

表4-9　学习层三级指标分值表

一级指标	二级指标	三级指标	平均值	权重	换算分值
B学习层 0.412	B_1体育专业知识 0.400	B_{11}体育风险防范知识	84.73	0.110	9.32
		B_{12}体育教学知识	87.76	0.484	42.47
		B_{13}体育教研知识	88.28	0.297	26.21
		B_{14}科学健身知识	86.18	0.109	9.39
	B_2体育专业能力 0.400	B_{21}体育教学设计	89.60	0.297	26.61
		B_{22}体育教学实施	87.89	0.297	26.10
		B_{23}体育教学管理	85.92	0.110	9.45
		B_{24}体育教学评价	84.34	0.156	13.15
		B_{25}沟通与合作	87.10	0.070	6.09
		B_{26}发展与反思	88.02	0.070	6.16

（续表）

一级指标	二级指标	三级指标	平均值	权重	换算分值
B学习层 0.412	B_3情感态度和价值观 0.200	B_{31}职业道德	88.42	0.339	29.97
		B_{32}职业热情	88.28	0.205	18.09
		B_{33}职业幸福感	88.94	0.117	10.40
		B_{34}职业规划	87.36	0.078	6.81
		B_{35}职业使命感	88.94	0.261	23.21

根据权重，计算出二级指标的平均换算分值，见表4–10。

表4–10　学习层二级指标分值表

一级指标	二级指标	平均值	权重	换算分值
B学习层 0.412	B_1体育专业知识	87.39	0.400	34.95
	B_2体育专业能力	87.53	0.400	35.01
	B_3情感态度和价值观	88.12	0.200	17.62

根据学习层权重0.412，计算出学习层换算分值为35.54，见表4–11。

表4–11　学习层分值表

层级名称	平均值	权重	换算分值
反应层	87.58	0.412	36.08

（三）个人层

通过Excel软件对问卷进行统计，得出三级指标的平均换算分值，见表4–12。

表4–12　个人层三级指标分值表

一级指标	二级指标	三级指标	平均值	权重	换算分值
C个人层 0.293	C_1直接迁移 0.667	C_{11}辨别实践中可用所学知识的场景	90.39	0.255	23.04
		C_{12}灵活运用所学知识	89.60	0.410	36.73
		C_{13}课堂教学效率提高	87.89	0.153	13.44

（续表）

一级指标	二级指标	三级指标	平均值	权重	换算分值
C个人层 0.293	C_1直接迁移 0.667	C_{14}教研成果提高	86.05	0.104	8.94
		C_{15}个人心理调节更加容易	87.10	0.078	6.79
	C_2间接迁移 0.333	C_{21}自我效能感	89.47	0.193	17.26
		C_{22}时间管理能力	88.42	0.121	10.69
		C_{23}团队精神	91.44	0.269	24.59
		C_{24}交流能力	90.00	0.417	37.53

根据权重，计算出二级指标的平均换算分值，见表4–13。

表4–13　个人层二级指标分值表

一级指标	二级指标	平均值	权重	换算分值
C个人层 0.293	C_1直接迁移	88.94	0.667	59.32
	C_2间接迁移	90.07	0.333	29.99

根据个人层权重0.293，计算出个人层换算分值为26.01，见表4–14。

表4–14　个人层分值表

层级名称	平均值	权重	换算分值
个人层	89.31	0.293	26.16

（四）利益相关者层

根据评价表，得出各个指标的平均值，从而计算出利益相关者的分值，见表4–15～表4–17。

表4–15　利益相关者层三级指标分值表

一级指标	二级指标	三级指标	平均值	权重	换算分值
D利益相关者层 0.108	D_1对学生的影响 0.623	D_{11}学生的运动积极性、主动性	76.21	0.539	41.07
		D_{12}学生的身体素质	53.12	0.164	8.71
		D_{13}体育锻炼行为	75.41	0.297	22.39

（续表）

一级指标	二级指标	三级指标	平均值	权重	换算分值
*D*利益相关者层 0.108	D_2对同事的影响0.137	D_{21}同事之间的分享活动	75.00	0.667	50.02
		D_{22}组织气氛	67.96	0.333	22.63
	D_3对学校的影响0.240	D_{31}体育专业发展活动的开展	50	0.667	33.35
		D_{32}获得体育荣誉	25	0.333	8.32

表4-16　利益相关者层二级指标分值表

一级指标	二级指标	平均值	权重	换算分值
*D*利益相关者层 0.108	D_1对学生的影响	72.19	0.623	44.97
	D_2对同事的影响	72.65	0.137	9.95
	D_3对学校的影响	41.67	0.240	10.00

表4-17　利益相关者层分值表

层级名称	平均值	权重	换算分值
利益相关者层	64.92	0.108	7.01

最后，将反应层的分值16.62、学习层的分值36.08、个人层的分值26.16、利益相关者层分值7.01相加，得出总分值85.87。

（五）结果分析

1. 各个层次的绩效

由于评价指标体系设置了权重，总绩效中的各个层次的绩效分值都客观呈现出来。本实践研究中，反应层分值为16.62、学习层分值为36.08、个人层分值为26.16、利益相关者层分值为7.01，在每个层次中的占比分别为88.93%、87.58%、89.31%、64.92%。可以看出，个人层的绩效得分比例最高，其次是反应层，再次是学习层，而利益相关者层的绩效得分比例最低。说明通过本次教师培训后，受训体育教师能较好地进行培训内容的直接迁移和间接迁移。直接迁移的分值为59.32，占比为88.94%。间接迁移的分值为29.99，占比为90.07%。说明通过培训后，受训教师把培训所学的自我效能感、时间管理能力、团队精神、交流能力等运用到教学实际当中的效果要好过受训教师将知识、技术、技能运用到实践的效果。

反应层的得分占比为88.93%，说明受训体育教师对培训整体安排是比较满意的，在反应层中得分最高的一项指标是培训师资，占比为92.99%，总体上看，培训师的工作态度、知识水平、教学能力、沟通能力都得到了受训体育教师的肯定，反映了培训师资的安排是适合受训体育教师需求的。

学习层绩效稍低于反应层绩效。在学习层中的3个指标得分相近，情感态度和价值观这一指标得分率最高，达到了88.12%，说明受训教师在情感态度和价值观方面习得了较多内容。而体育专业知识和体育专业能力得分占比分别为87.39%和87.53%。在学习层中各指标中，体育风险防范知识这一指标是最低的，说明培训中这方面的知识还有待提高。

在教师培训绩效的四个层次中，利益相关者层的绩效分值占相应的总分值百分比最低。在利益相关层下的3个指标：对学生的影响、对同事的影响、对学校的影响，占比分别为72.19%、72.65%、41.67%，培训对学生的影响比对同事的影响要小一些，而对学校的影响最低，说明受训教师给学校带来的利益并不显著。这也从另一个角度解释了为何很多学校并不支持体育教师参加培训，一方面，送体育教师参加培训，产生了工作与培训矛盾，学校要进行协调，增加额外工作；另一方面，体育教师参加培训带给学校的收获并不大。

2. 总体绩效

通过实践，评价出本次体育教师培训绩效具体的分值为85.87。如果按优、良、中、差等级进行划分，该次教师培训绩效的评价应划为“良”等级，处于中等偏上水平，存在改进和提高空间。通过对绩效评价的量化，可以更为直观地观测到培训绩效的表现，为决策者提供本次培训总结和组织下一次培训提供参考。

三、试行研究的结论

从案例的培训绩效评价结果分析，在4个一级指标当中，利益相关者层的绩效得分最低（按各自的百分比计算），而个人层的绩效得分相对较高，利益相关者层得分较个人层得分低20%以上。说明培训对受训体育教师个人的影响作用较对学生、同事、学校的影响更为显著，这也提示要达到对利益相关者层的理想作用，要持续性地对体育教师进行培训。在二级指标当中，案例在培训师资的绩效分值都达到了较高水平，说明培训师无论是态度，还是知识水平都得到了受训体育教师认可。

基于教师培训绩效表现的特点，培训绩效不会在培训完即刻都呈现出来，因此要通过追踪的手段进行评价，主要是个人层绩效和利益相关者层绩效测评环节，所以，得出培训绩效评价的整体结果会相对地花费较长时间，一般会在培训完成后的几个月之后。为了较准确地把握教师培训绩效，须花费较长时间。

决策者、组织者和承办者通过评分分值，不仅可以掌握整体绩效水平，也可清楚了解反应层、学习层、个人层、利益相关者层的绩效水平，并且可以通过各层次绩效评价的细化指标，提高培训细节。

总之，通过对培训绩效评价的试行，所构建的培训绩效评价体系适用于体育教师综合性培训，可操作性强，有一定的实用价值。

四、试行研究对培训绩效评价的总结和建议

（一）总结

1. 追踪评价的必要性和可行性

体育教师培训绩效不仅通过受训教师对培训的反应、从培训中所学内容以及对培训内容内化来呈现，还通过受训教师把培训内容运用到实际教学中，对学生、同事、学校的影响来呈现，缺少任何一方面的评价都使得绩效评价不完整。而教师对受训内容的内化和对利益相关者的影响研究，由于过程较长，因此属于追踪评价的范畴。而在现实中，由于绩效管理成为各行各业的一种管理常态，教师培训也会进行绩效评价，但是由于追踪评价通常在培训项目完成后的一段时间才可操作，而培训部门希望早日结束培训的评价，便于提交培训报告，尽快完成该教师培训项目。因此，造成追踪评价的缺失，导致绩效评价陷入浅表层次，不能反映培训绩效的真实水平。本研究通过对绩效评价指标的试行，虽然在运用中耗时长，评价工作强度大，但通过追踪评价，证明体育教师追踪评价是可以完成的，是可行的。目前，大多数教师培训都是教育部门官方组织实施的，由于存在着上下级管理关系，如要进行追踪评价，更具有便利性和操作性。

2. 对评价主体进行简单的评价培训

在评价中存在着受训体育教师、学生、同事等评价主体，各评价主体在

开展评价前，对绩效评价指标的认知有着较大的差别，这样会导致对绩效评价指标的判断不统一。因此，在展开正式评价之前，必须对评价主体进行相关培训，让他们了解评价的意义和作用，对绩效评价指标的判断标准有一个清晰认识。其中，以学生这一评价主体为重点，因为学生对问题的认知能力还处在发展阶段，他们对体育行为、体育积极性、主动性的含义可能并不能全面掌握，故在评价前，需要进行相关的解释。

3. 消除评价主体的思想顾虑

在评价试行的过程中，尽管研究者对评价主体多次强调，此次相关研究只是本人的学术研究，不是官方的调查研究，并且讲明对他们进行隐私保护，但是依旧有部分受训教师心存顾虑，对进行相关内容的评价并不是很主动，只是碍于人情世故，被动地参与评价活动，这影响了他们真实意见的表达。因此，要获得评价主体的真实评价，就要采取适当的方式、方法消除他们思想的顾虑，如对他们言明，追踪评价与他们培训的个人考核无关，只是对培训项目进行评价。只有消除评价主体的顾虑，才能获取真实意见。

（二）建议

1. 顶层设计要强调追踪评价

绩效评价作为绩效管理的判断依据，其作用不言而喻。在教师培训绩效管理中，越来越多地采用绩效管理的思想进行培训管理，但教育部门对管理的重视还处于意识形态上，强调要加强管理，但如何管理，具体采取哪些方法、手段进行管理，却一直处于探索阶段，没有太多相关实践经验。目前，绝大多数大型的教师培训项目都会对培训绩效进行评价，但其中大多数处在培训项目完成后即刻性评价，且评价内容主要集中在满意度的评价上。众所周知，培训的成功与否，不仅在于培训的组织方面，更在于受训教师把培训内容转化为自身知识体系，并且运用到工作实际中，对学生、同事、学校等方面的影响。但这些方面的呈现，只会发生在培训完成后，并且对他们的评价会花费一定的人力、物力、财力，增加工作强度和难度。因此，很多培训的绩效评价停留在培训完成阶段，而缺少培训的后期追踪评价。教师培训要获得成功，必须有一个教师培训管理的顶层设计，它是最具有纲领性、指导性的设计。如果在教师培训管理的顶层设计中，强调对培训进行追踪评价，由于它的权威性，现实培训管理中会加大对绩效追踪评价的尝试和推进。

2. 营造良好的培训绩效评价认识环境

任何新事物被人们接受都需要有一个过程，绩效评价在我国教育培训方面还是一个新的事物，一些新的思想、新的操作方法还有待培训的各利益方接受。决策者在舆论宣传上，要充分利用各种教师培训的场合，传播正确的评价理念，让培训组织方、评价参与方认识到评价的主要目的是以评价促进发展。基于此，教育培训主管部门和组织部门要充分利用各种时机宣传培训绩效评价的意义、目的、实施的大致步骤等相关信息，让绩效评价的理念深入培训的各利益方，引起被评价对象、评价方的思想共鸣。同时，教育媒体也要宣传培训评价工作的典型事例，介绍培训绩效的相关思想、指标、评价方法、手段，在教师培训中营造绩效评价氛围，为绩效评价工作在教师培训领域营造好的思想认识。

3. 构建科学评价指标

评价指标相当于绩效评价的测量工具。评价指标是评价内容的提炼，也是评价内容的外在表现形式。要准确、客观地评价培训绩效，尽量反映培训绩效的全貌，减少评价的误差，就必须设计一套科学合理、操作性强的评价指标。而指标的构建是通过一系列科学方法。首先是确立指标构建的原则；然后通过大量的绩效和培训文献的梳理，以及对受训教师的培训需求和培训后体会、培训师、培训组织方、学校负责人的访谈，得到初步的指标，完成对指标的预设；接着进一步通过专家访谈，对指标进行优化；最后进行实践，检验指标可行性。

4. 评价过程本身的科学性

评价结果的信效度对于体育教师培训绩效评价来说至关重要。高效度可以保障评价系统的一致性，高信度可以保障实际测量的可靠性。但是，体育教师培训绩效的大部分内容不容易量化，偏向于质性研究，这决定了培训绩效评价是极具主观色彩的评价，容易产生评价误差。再加上培训绩效的评价主体的素质、指标标准认知有所差异，会导致晕轮效应、定势效应、分布效应等误差。因此，为了达到评价过程的科学性，在各个层次绩效评价之前，对评价方进行培训就显得很有必要。通过培训，使得评价主体掌握专门的教师培训绩效评价技术，便于评价方对影响绩效评价结果的随机干扰因素通过定量分析加以控制或者过滤，改进评价方法和修正评价参数，从而提升评价结果的准确性和客观性①。

5. 集成多种评价手段

教师培训绩效评价是一项理论研究与实践操作相结合的复杂工作。抛开实际情况，单方面追求定量评价或者定性评价都是不科学的，根据教师培训绩效的特点，采用定性与定量相结合的综合集成法。一是向教师培训发达国家学习，把一些相对纯熟的方法与手段借鉴过来，再结合现阶段我国教师培训开展情况和体育学科特点，进行本土化和专业化改造。如将问卷调查法、现场观察法、访谈法投入评价实践中，缩短与国际评价水平之间的差距；二是采用定量分析手段，如模糊评价、数据包络分析法、层次分析法等应用到教师绩效评价中。三是运用多科学知识进行协同评价。

6. 建立分阶段的评价制度

我国中小学体育教师培训绩效评价存在着两种现象：第一种现象是绩效评价由培训承办方组织；第二种现象是绩效评价由培训组织方组织。第一种现象中承办方既是裁判员又是运动员的双重身份，本身就存在着客观性评价的问题。在第二种现象中，评价完全由组织方参与，而忽视了承办方在绩效评价中的权利。对此，笔者提出建立分阶段的评价制度，该制度包括以下4个部分：第一部分为评价部分，包括两方面内容：1）承办方自我评价。即传统的由承办方进行自我评价并以书面的形式上交给教师培训的组织方；2）组织方进行评价。组织方组织专家或者委托第三方机构对培训绩效进行评价。第二部分为比较评价部分。组织方将承办方组织的绩效评价结果与自己组织的绩效评价结果进行汇总处理，形成初步的绩效评价结果并告知承办方。第三部分为申诉部分。培训承办方对告知的的绩效评价结果可以提出异议，并阐明原因。第四部分为最终公示阶段。即通过培训组织方对承办方提出的异议原因进行复审，最终确定培训的绩效评价结果并进行公示。

7. 第三方组织实施评价

绩效评价的组织实施主要有两种形式：第一种形式是体制内绩效评价组织；

①吴义生. 面向制造型企业的物流绩效评价系统研究［D］. 南京：南京航空航天大学，2006.

第二种形式是体制外绩效评价组织。目前，国内对教师培训绩效评价多由第一种形式来完成，它通常会带有体制内主导的色彩，受到利益驱动、自我认同、自我欣赏等因素的影响，往往会造成绩效评价的最终结果与大众的感受存在着一定差距。而第三方组织实施评价，是体制外评价组织进行绩效评价，它依据法规或根据政府的委托，发挥公证、监督、沟通的功能并承担社会服务行为的组织。由于第三方评价具有独立性、自律性等特点，因此开拓了教师培训绩效评价的新时代，完善了教师培训绩效评价体系，弥补了体制内绩效评价的不足。

附录

附录1

受训教师访谈提纲

1. 你参加过体育教师培训吗？如参加过，参加过哪几类层次培训？参加过的次数是多少？

2. 在参加培训之前，你希望从培训中收获什么？你对培训组织机构安排有什么期待？

3. 你希望培训内容是什么？具有什么样的特点？

4. 你认为培训师必须具备哪些素质？

5. 你认为每次培训收获大吗？与你的预期效果之间存在差异吗？

6. 你认为教师培训的关键因素是什么？

7. 参加培训后，你觉得培训有待完善的地方在哪几方面？

8. 你认为参加教师培训的绩效应具体体现在哪些方面？如何衡量？

9. 你认为体育教师师德、知识、技能体现在哪些方面？

10. 根据你自身的经历，谈谈培训后在从教的哪些方面得到提高？

11. 你认为在日常体育教学中最需要解决的问题是什么？

12. 你认为有必要对培训的绩效进行评价吗？如需要，从哪几方面进行评价？

13. 针对体育教师培训，还有什么建议？

附录2

关于体育教师培训绩效评价的校长访谈提纲

1. 贵校体育教师参加过哪几类层次培训？你认为培训对教师有帮助吗？

2. 贵校采取哪些举措保证受训教师参加培训？

3. 贵校是如何选送体育教师参加培训？

4. 贵校组织体育教师培训的目的和理念是什么？培训是否达到贵校对培训目标预期？

5. 贵校认为体育教师培训应该针对哪些方面？

6. 贵校对培训组织方有什么要求？

7. 贵校的体育教师在培训中所遇到的最大困扰是什么？

8. 贵校会对受训体育教师培训后安排分享交流吗？具体怎么开展？

9. 贵校感受到受训教师回来在工作中的变化吗？如有，主要体现在哪些方面？

10. 贵校希望受训体育教师给学校层面带来什么样的结果？

11. 贵校认为是否有必要对培训的绩效进行评价，如有必要，应该从哪几个大的方面展开？贵校认为应如何评价体育教师培训的绩效？

12. 根据你目前了解的体育教师培训现状，你认为体育教师培训存在着哪些问题？如何进行完善？

附录3

对教师培训承办方访谈提纲

1. 贵方培训目标制定的依据是什么?

2. 贵方认为教师培训的关键因素是什么?

3. 贵方如何从整体考虑安排教师培训?

4. 贵方如何选聘培训师? 对他们授课有什么要求?

5. 贵方对培训内容有什么要求?

6. 贵方如何保障培训顺利进行?

7. 贵方如何选择培训地点?

8. 贵方希望通过培训对受训教师有何积极影响?

9. 贵方会对培训进行评价吗? 主要是以什么样的形式? 主要针对哪些方面进行评价?

10. 贵方是否认为培训绩效评价对承办方有益处? 如有, 体现在哪些方面?

11. 贵方会对培训绩效进行评价吗? 如有, 主要是从哪些方面进行评价? 评价的形式?

12. 贵方会对培训完成后进行追踪评价吗? 如有, 追踪评价从哪儿方面展开? 如没有, 困难在哪儿?

附录4

对培训师访谈提纲

1. 你担任培训师多少年？担任过哪几类层次培训的培训师，大致参加过多少次？

2. 你认为教师培训的关键因素是什么？

3. 你认为培训师必须具备哪些素质？

4. 培训组织机构对你们有什么要求？

5. 你从哪几方面进行教学准备？

6. 你希望受训教师在培训后哪些方面得到提升？

7. 你认为培训绩效评价对培训师是否有作用？如有，体现在哪儿？

8. 你认为教师培训的绩效应具体体现在哪些方面？从哪几方面进行评价，如何收集信息？

9. 你认为体育教师师德、知识、技能体现在哪些方面？

10. 你认为在培训中最需要解决的问题是什么？

11. 针对体育教师培训，还有什么建议？

附录5

体育教师培训绩效评价指标的确立
（第一轮）

尊敬的专家：您好，本轮问卷的主要目的有两个：一是对4个一级指标的重要程度作出判断；二是判断二级、三级指标的重要程度，并对二级、三级指标提出修改意见。

请您在填写此问卷前，先阅读《体育教师培训绩效评价指标的选取说明》，然后填写以下问题。

《体育教师培训绩效评价指标的选取说明》

关于体育教师综合性培训：

体育教师综合性培训主要是与运动单独项目培训或者某一项专业技能培训相对应，所谓的运动单独项目培训，是指整个培训是围绕着体育某个项目而开展的，它的特点是提高受训体育教师在某个项目上的相关专业能力，如现在开展得如火如荼的校园足球教师培训，还有篮球教师培训、排球教师培训等。某一项专业技能培训是指根据现代体育教学的需求，针对性开展某一方面的专业技能的培训，它的培训内容的设计围绕着具体的某一方面的技能而开展，如针对现代教育技术，或者体育教师师德，亦或者是体育教学设计、体育教学评价、体育教学管理等。而综合性培训往往不限于某一项技能，或者某一运动项目，它是以体育教师专业能力为出发点，突出培训内容的综合性，为了达到促进体育教师专业能力的整体提升，培训内容往往借助多个技能或者是多个运动项目的组合。如培训内容包含了体育教师师德、体育教学设计、体育教学评价、体育教学管理、体育健身知识等，同时在讲解的过程中，借助多个体育项目讲解。

关于一级指标：

一级指标从中小学体育教师培训绩效评价的特征出发，比较了各种企业培训评价模型的特点，借鉴了它们的逻辑层次构建思想，同时参考了柯克帕特里克模型、霍尔顿模型、考夫曼模型和菲利普斯模型部分层级的命名，再结合了利益相关者理论，最终构建中小学体育教师培训绩效评价模型的框架，即一级指标，定为反应层、学习层、个人层、利益相关者层。反应层：受训者对所受培训的满意程度，主要是从受训体育教师对培训项目开展的反应的角度。学习层：受训者对知识、态度、技术、技能的了解与吸收程度等，主要是从培训过程中学习的内容对受训体育教师的专业化发展的角度。个人层：受训者是否在经过培训后，在实际工作中运用了培训知识，主要是从受训体育教师将培训所学的知识运用到实践当中的角度。利益相关者层：是否改进了组织的绩效，即对组织绩效的改进影响，主要是从受训体育教师回到工作岗位，对同事、学校、学生的影响的角度。

关于二级指标：

反应层下的指标是对培训内容、培训实施、培训师资、培训环境的满意程度；学习层下的指标是体育专业知识、体育专业能力、情感态度和价值观；个人层下的指标是直接迁移和间接迁移。直接迁移指受训教师把培训所学的显性知识运用到教学实际当中；而间接迁移则是受训教师将培训过程中学到的默会知识运用到实践；利益相关者层下的指标是学生、同事和所在的组织即学校。

一、请您根据以下两个表格，对中小学体育教师培训绩效评价的问题，进行自我评价

判断依据影响程度表

判断依据	对专家判断的影响程度		
	大	中	小
理论分析	0.3	0.2	0.1
实践经验	0.5	0.4	0.3
国内外同行的了解	0.1	0.1	0.1
直觉	0.1	0.1	0.1

问题熟悉程度系数表

熟悉程度	熟悉程度系数
很熟悉	0.9
熟悉	0.7
较熟悉	0.5
一般	0.3
较不熟悉	0.1
很不熟悉	0.0

自我评价：

1. 中小学体育教师培训绩效评价的判断依据系数：__________

2. 中小学体育教师培训绩效评价的熟悉程度系数：__________

二、一级指标重要程度赋值说明

根据各个指标重要程度的不同将其划分为5个级别，按照重要程度由大到小的顺序依次为：非常重要、较为重要、一般、不太重要、很不重要，分别赋予100、80、60、40、20分值，请您对各一级指标的重要程度作出判断，您只需在相应位置划"√"即可。

一级指标重要程度赋值：

体育教师培训绩效评价一级指标重要程度专家调查表

一级指标	非常重要	较为重要	一般	不太重要	很不重要
反应层					
学习层					
个人层					
利益相关者层					

您对一级评价指标的其他意见：__________________

三、二级指标重要程度专家调查表（纸质版问卷请在相应位置划"√"即可，电子版问卷请将此处的"√"复制粘贴到相应位置即可）

体育教师培训绩效评价指标

一级指标	二级指标	非常重要	较为重要	一般	不太重要	很不重要
反应层	培训内容					
	培训实施					
	培训师资					
	培训环境					
修改意见：						
学习层	体育专业知识					
	体育专业能力					
	情感态度和价值观					
修改意见：						

（续表）

一级指标	二级指标	非常重要	较为重要	一般	不太重要	很不重要
个人层	直接迁移					
	间接迁移					
修改意见：						
利益相关者层	对学生的影响					
	对同事的影响					
	对学校的影响					
修改意见：						

您对二级评价指标的其他意见：________________

四、三级指标重要程度专家调查表（在相应位置划"√"即可）

体育教师培训绩效评价三级指标重要程度专家调查表

一级指标	二级指标	三级指标	非常重要	较为重要	一般	不太重要	很不重要
反应层	培训内容	内容趣味性					
		内容实用性					
		内容新颖性					
		内容针对性					
	修改意见：						
	培训实施	培训方式					
		培训任务量					
		进度安排					
		评价考核方式					
	修改意见：						
	培训师资	工作态度					
		知识水平					
		教学能力					
		沟通能力					
	修改意见：						

（续表）

一级指标	二级指标	三级指标	非常重要	较为重要	一般	不太重要	很不重要
反应层	培训环境	教学条件					
		学习设施					
		后勤保障					
	修改意见：						
学习层	体育专业知识	体育风险防范知识					
		体育教学知识					
		体育教研知识					
		科学健身知识					
	修改意见：						
	体育专业能力	体育教学设计					
		体育教学实施					
		体育教学管理					
		体育教学评价					
		沟通与合作					
		发展与反思					
	修改意见：						
	情感态度与价值观	职业道德					
		职业热情					
		职业幸福感					
		职业规划					
		职业使命感					
	修改意见：						
个人层	直接迁移	辨别实践中可用所学知识的场景					
		灵活运用所学知识					
		课堂教学效率提高					
		科研成果提高					
		个人心理状态和情绪调节更加容易					
	修改意见：						

（续表）

<table>
<tr><th>一级指标</th><th>二级指标</th><th>三级指标</th><th>非常重要</th><th>较为重要</th><th>一般</th><th>不太重要</th><th>很不重要</th></tr>
<tr><td rowspan="5">个人层</td><td rowspan="4">间接迁移</td><td>自我效能感</td><td></td><td></td><td></td><td></td><td></td></tr>
<tr><td>时间管理能力</td><td></td><td></td><td></td><td></td><td></td></tr>
<tr><td>团队精神</td><td></td><td></td><td></td><td></td><td></td></tr>
<tr><td>交流能力</td><td></td><td></td><td></td><td></td><td></td></tr>
<tr><td colspan="7">修改意见：</td></tr>
<tr><td rowspan="12">利益相关者层</td><td rowspan="3">对学生影响</td><td>学生运动的积极性、主动性</td><td></td><td></td><td></td><td></td><td></td></tr>
<tr><td>学生的身体素质</td><td></td><td></td><td></td><td></td><td></td></tr>
<tr><td>体育锻炼行为</td><td></td><td></td><td></td><td></td><td></td></tr>
<tr><td colspan="7">修改意见：</td></tr>
<tr><td rowspan="3">对学生影响</td><td>同事之间的分享活动</td><td></td><td></td><td></td><td></td><td></td></tr>
<tr><td>教研活动效率</td><td></td><td></td><td></td><td></td><td></td></tr>
<tr><td>组织气氛</td><td></td><td></td><td></td><td></td><td></td></tr>
<tr><td colspan="7">修改意见：</td></tr>
<tr><td rowspan="2">对学生影响</td><td>体育专业发展活动的开展</td><td></td><td></td><td></td><td></td><td></td></tr>
<tr><td>获得体育荣誉（带队比赛、体育教学竞赛、科研成果获奖）</td><td></td><td></td><td></td><td></td><td></td></tr>
<tr><td colspan="7">修改意见：</td></tr>
</table>

您对三级评价指标的其他意见：____________________

本轮征询到此结束，再次感谢您的支持！

附录6

体育教师培训绩效评价指标的确立
（第二轮）

尊敬的专家：您好，本轮问卷有两个目的：一是判断二级指标的选取；二是判断三级指标的选取。

请您在填写此问卷前，是先阅读《体育教师培训绩效评价指标的选取说明》，然后填写以下问题。

《体育教师培训绩效评价指标的选取说明》

关于体育教师综合性培训：

体育教师综合性培训主要是与运动单独项目培训或者某一项专业技能培训相对应，所谓的运动单独项目培训，是指整个培训是围绕着体育某个项目而开展的，它的特点提高受训体育教师在某个项目上的相关专业能力，如现在开展得如火如荼的校园足球教师培训，还有篮球教师培训、排球教师培训等。某一项专业技能培训是指根据现代体育教学的需求，针对性开展某一方面的专业技能的培训，它的培训内容的设计围绕着具体的某一方面的技能而开展，如针对现代教育技术，或者体育教师师德，亦或者是体育教学设计、体育教学评价、体育教学管理等。而综合性培训往往不限于某一项技能，或者某一运动项目，它是从体育教师专业能力为出发点，突出培训内容的综合性，为了达到促进体育教师专业能力的整体提升，培训内容往往借助多个技能或者是多个运动项目的组合。如培训内容包含了体育教师师德、体育教学设计、体育教学评价、体育教学管理、体育健身知识等，同时在讲解的过程中，借助多个体育项目讲解。

关于一级指标：

一级指标从中小学体育教师培训绩效评价的特征出发，比较了各种企业培训评价模型的特点，借鉴了它们的逻辑层次构建思想，同时参考了柯克帕特里克模型、霍尔顿模型、考夫曼模型和菲利普斯模型部分层级的命名，再结合了利益相关者理论，最终构建中小学体育教师培训绩效评价模型的框架，即一级指标，定为反应层、学习层、个人层、利益相关者层。反应层：受训者对所受培训的满意程度，主要是从受训体育教师对培训项目开展的反应的角度。学习层：受训者对知识、态度、技术、技能的了解与吸收程度等，主要是从培训过程中学习的内容对受训体育教师的专业化发展的角度。个人层：受训者是否在经过培训后，在实际工作中运用了培训知识，主要是从受训体育教师将培训所学的知识运用到实践当中的角度。利益相关者层：是否改进了组织的绩效，即对组织绩效的改进影响，主要是从受训体育教师回到工作岗位，对同事、学校、学生的影响的角度。

关于二级指标：

反应层下的指标是对培训内容、培训实施、培训师资的满意程度；学习层下的指标是体育专业知识、体育专业能力、情感态度和价值观；个人层下的指标是直接迁移和间接迁移。直接迁移指受训教师把培训所学的显性知识运用到教学实际当中；而间接迁移则是受训教师将培训过程中学到的默会知识运用到实践；利益相关者层下的指标是学生、同事和所在的组织即学校。

一、二级指标重要程度专家调查表（纸质版问卷请在相应位置划“√”即可，电子版问卷请将此处的“√”复制粘贴到相应位置即可）

体育教师培训绩效评价指标

一级指标	二级指标	非常重要	较为重要	一般	不太重要	很不重要
反应层	培训内容					
	培训实施					
	培训师资					
修改意见：						
学习层	体育专业知识					
	体育专业能力					
	情感态度和价值观					
修改意见：						
个人层	直接迁移					
	间接迁移					
修改意见：						
利益相关者层	对学生的影响					
	对同事的影响					
	对学校的影响					
修改意见：						

您对二级评价指标的其他意见：________________

二、三级指标重要程度专家调查表（在相应位置划“√”即可）

体育教师培训绩效评价三级指标重要程度专家调查表

一级指标	二级指标	三级指标	非常重要	较为重要	一般	不太重要	很不重要
反应层	培训内容	内容趣味性					
		内容实用性					
		内容新颖性					
		内容针对性					
	修改意见：						
	培训实施	培训方式					
		培训任务量					
		进度安排					
		评价考核方式					
	修改意见：						
	培训师资	工作态度					
		知识水平					
		教学能力					
		沟通能力					
	修改意见：						
学习层	体育专业知识	体育风险防范知识					
		体育教学知识					
		体育教研知识					
		科学健身知识					
	修改意见：						
	体育专业能力	体育教学设计					
		体育教学实施					
		体育教学管理					
		体育教学评价					
		沟通与合作					
		发展与反思					
	修改意见：						

（续表）

一级指标	二级指标	三级指标	非常重要	较为重要	一般	不太重要	很不重要
学习层	情感态度与价值观	职业道德					
		职业热情					
		职业幸福感					
		职业规划					
		职业使命感					
	修改意见：						
个人层	直接迁移	辨别实践中可用所学知识的场景					
		灵活运用所学知识					
		课堂教学效率提高					
		教研成果提高					
		个人心理调节更加容易					
	修改意见：						
	间接迁移	自我效能感					
		时间管理能力					
		团队精神					
		交流能力					
	修改意见：						
利益相关者层	对学校影响	学生运动的积极性、主动性					
		学生的身体素质					
		体育锻炼行为					
	修改意见：						
	对同事影响	同事之间的分享活动					
		组织气氛					
	修改意见：						

（续表）

一级指标	二级指标	三级指标	非常重要	较为重要	一般	不太重要	很不重要
利益相关者层	对学校影响	体育专业发展活动的开展					
		获得体育荣誉（带对比赛、体育教学竞赛、科研成果获奖）					
		对学校招生					
		对学校建设					
	修改意见：						

您对三级评价指标的其他意见：____________________

本轮征询到此结束，再次感谢您的支持！

附录7

反应层评价表

评价内容	很满意	满意	一般	不满意	很不满意
培训内容的趣味性					
培训内容的实用性					
培训内容的新颖性					
培训内容针对性					
培训方式					
培训任务量					
培训进度安排					
培训评价考核方式					
培训师的工作态度					
培训师的知识水平					
培训师的教学能力					
培训师的沟通能力					

附录8

学习层评价表

评价内容	非常多	较多	一般	较少	没有
习得体育风险防范知识					
习得体育教学知识					
习得体育教研知识					
习得科学健身知识					
习得体育教学设计知识					
习得体育教学实施知识					
习得体育教学管理知识					
习得体育教学评价知识					
习得沟通与合作的知识					
习得发展与反思的知识					
习得职业道德知识					
习得职业热情知识					
习得职业幸福感知识					
习得职业规划知识					
习得职业使命感					

附录9

个人层评价表

评价内容	非常同意	同意	讲不清楚	不同意	很不同意
辨别实践中可用所学知识的场景					
灵活运用培训所学知识					
课堂教学效率提高					
教研成果提高					
个人心理调节更加容易					
自我效能感增强					
时间管理能力提高					
团队精神提高					
交流能力提升					

附录10

对学生的影响评价表

评价内容	提高很多	有所提高	基本不变	有所下降	下降很多
积极性、主动性					
身体素质					
体育锻炼行为					

附录11

表11-1　对同事的影响评价表1

评价内容	有	无
分享活动		

表11-2　对同事的影响评价表2

评价内容	改善很多	有所改善	基本不变	有所下降	下降很多
组织气氛					

附录12

对学校的影响评价表

评价内容	有	无
参与体育专业发展活动		
体育荣誉		

附录13

对利益相关者层的指标结构的评价

尊敬的专家：

您好，首先感谢您在繁忙的工作中抽时间填写此份问卷！

本轮问卷的主要目的是对所设计的利益相关者层的指标结构进行5级进行打分，5级分别为非常合适、合适、基本合适、不合适、非常不合适。请您对此结构进行评价，在评价之前请阅读有关说明。

说明：在绩效评价中，利益相关者层的评价是采取抽样评价的方式，即对受训中小学体育教师的抽样，再由学生、同事、学校对他们进行培训绩效评价。因此，对利益相关者层指标的实操转化涉及三个部分：受训体育教师对学生影响、受训体育教师对同事影响、受训体育教师对学校影响。在受训体育教师对学生影响部分包括三个方面：积极性和主动性、身体素质、锻炼行为。它们都按Likert 5级量表设计方法，分为提高很多、有所提高、基本不变、有所下降、下降很多5个级别。对同事影响评价，由于涉及两方面的内容，一方面是分享活动；另一方面是组织气氛。分享活动主要是受训体育教师回到工作单位，是否做了培训汇报，分享了培训的体会与感受。这种情况只有两种状态：有或者无。因此分享活动的实操评价指标就是有和无两个选项。组织气氛这一指标则是按Likert 5级量表设计方法，分为改善很多、有所改善、基本不变、有所下降、下降很多5个级别。对学校影响评价，其评价的指标有两个：参与体育专业发展活动和体育荣誉。这两个指标也只会有两种情况：有或者无。综上所述，具体结构如下。

对学生影响评价表

评价内容	提高很多	有所提高	基本不变	有所下降	下降很多
积极性、主动性					
身体素质					
锻炼行为					

对同事影响评价表1

评价内容	有	无
分享活动		

对同事影响评价表2

评价内容	改善很多	有所改善	基本不变	有所下降	下降很多
组织气氛					

对学校影响评价表

评价内容	有	无
参与体育专业发展活动		
体育荣誉		

请您根据所设计的结构进行评价，谢谢！

非常合适	合适	基本合适	不合适	非常不合适

附录14

体育教师培训绩效评价调查问卷（一）

尊敬的老师：

您好，首先感谢您在繁忙的工作中抽时间填写此份问卷！此次问卷调查的目的旨在为体育教师培训绩效评价研究提供参考。问卷以不记名方式进行，仅为研究参考之用，请您不必顾虑。根据自己的亲身感受和个人实际情况，在您认为合适的选项上打“√”。非常感谢您的合作！

请在填写问卷之前，务必仔细阅读评价标准，并根据标准对本次培训进行客观评价，谢谢！

评价标准

一级指标	三级指标	说明
反应层	内容趣味性	培训内容生动，使受训教师对培训内容感兴趣，愿意接受培训
	内容实用性	培训内容能解决体育教学中的实际问题；能促进体育教师专业成长
	内容新颖性	培训内容有当前中小学体育教学的热点；培训内容有一定的前沿性，使受训教师有耳目一新的感受
	内容针对性	培训主题明确，指向性强；内容的讲授围绕培训主题
	培训方式	培训方式灵活多样；体现培训师为主导、受训教师为主体；培训过程自然、流畅
	培训任务量	培训所含信息量安排适宜，便于受训教师消化与吸收
	进度安排	按制定的培训计划进行；培训节奏适中，有助于掌握所学内容；不会出现培训课提早结束或者拖堂
	评价考核方式	评价考核适当、有度；客观、全面地反映受训体育教师的培训学习状况
	工作态度	情绪饱满，教态端庄得体，着装整洁；无迟到、早退、随意下课等现象；仔细备课、认真授课、讲解细致
	知识水平	具有系统、精深、扎实的体育专业基础理论知识；具有丰富的体育学科发展前沿知识，了解体育学科的最新发展动态；具备教育学、教育心理学知识

（续表）

一级指标	三级指标	说明
反应层	教学能力	语言表达生动形象，通俗易懂；教学方法灵活；培训有的放矢，能调动受训教师的学习积极性；动作示范准确，保护帮助适时有效
	沟通能力	具有较强的沟通意识；积极主动与受训教师平等交流，及时了解受训教师培训需求和培训反馈
学习层	体育风险防范知识	学生体育运动中所存在的风险预防和急救知识
	体育教学知识	与体育教学相关联的体育知识和教育知识
	体育教研知识	开展体育教学研究的方法、手段等知识
	科学健身知识	体育锻炼的训练学、生理学、心理学、运动营养学、体育保健学等知识
	体育教学设计	科学设计体育教学目标和体育教学计划；合理利用教学资源和方法设计教学过程
	体育教学实施	营造良好的体育学习环境与氛围，激发与保护学生的体育锻炼兴趣；有效调控教学过程
	体育教学管理	针对学生身心发展特点，组织开展有益身心健康发展的体育教育活动；妥善应对教学中突发事件
	体育教学评价	掌握多种评价方法，多角度、全过程评价学生体育发展；自我评价教学效果，及时改进和提高体育教学工作
	沟通与合作	了解学生，平等地与学生进行沟通交流；与家长进行有效沟通合作，共同促进学生身心发展；与同事合作交流，分享经验和资源共同发展
	发展与反思	主动整理和分析教学信息，不断进行思考，完善体育教学工作；针对体育教学工作中的现实需要与问题，进行探索和研究
	职业道德	忠于人民的教育事业，树立正确的教师职业道德风范，依法执教，爱岗敬业、严谨教学、热爱学生，不体罚学生，廉洁从教，为人师表
	职业热情	渴望教书育人，热爱体育教学；做好教书育人工作；每节课都精神饱满

（续表）

一级指标	三级指标	说明
学习层	职业幸福感	对从事体育教育工作内心充满喜悦；在体育教学过程中，感到充实；与同事相处融洽
	职业规划	每学期的思想水平和业务能力有明确目标；对带队成绩或职称的提升有明确计划
	职业使命感	对体育教育在学校、社会、国家方面的责任有清晰的认识

反应层的评价表

评价内容	很满意	满意	一般	不满意	很不满意
培训内容趣味性					
培训内容实用性					
培训内容新颖性					
培训内容针对性					
培训方式					
培训任务量					
培训进度安排					
培训评价考核方式					
培训师的工作态度					
培训师的知识水平					
培训师的教学能力					
培训师的沟通能力					

学习层的评价表

评价内容	非常多	较多	一般	较少	没有
习得体育风险防范知识					
习得体育教学知识					
习得体育教研知识					
习得科学健身知识					
习得体育教学设计知识					

（续表）

评价内容	非常多	较多	一般	较少	没有
习得体育教学实施知识					
习得体育教学管理知识					
习得体育教学评价内容					
习得沟通与合作的知识					
习得发展与反思的知识					
习得职业道德知识					
习得职业热情知识					
习得职业幸福感知识					
习得职业规划知识					
习得职业使命感知识					

附录15

体育教师培训绩效评价调查问卷（二）

尊敬的老师：

您好，首先感谢您在繁忙的工作中抽时间填写此份问卷！

此次问卷调查的目的旨在为体育教师培训绩效评价研究提供参考。问卷以不记名方式进行，仅为研究参考之用，请您不必顾虑。根据自己的亲身感受和个人实际情况，在您认为合适的选项上打“√”。非常感谢您的合作！

请在填写问卷之前，务必对评价标准进行仔细阅读，并根据标准对本次培训进行客观评价，谢谢！

评价标准

一级指标	三级指标	说明
个人层	辨别实践中可用所学知识的场景	对培训学习内容所运用的条件有清晰认识
	灵活运用培训所学知识	根据体育教学需要，合理运用培训知识；在实践工作中进行各种经验的整合
	课堂教学效率提高	学生掌握动作技能所花费时间减少；学生动作技能正确率提高
	教研成果提高	撰写的调研报告、研究报告、教学案例被校级及以上单位采纳，论文论著在省级刊物公开发表、参加校级示范课
	个人心理状态调节更加容易	对学生失常的表现不发火；对教学中的困难能放平心态
	自我效能感增强	对从事好体育教学充满信心；对解决好体育教学困难充满信心
	时间管理能力提高	上班、上课不迟到和早退；教学过程中时间控制较好
	团队精神提高	参加体育教研组活动，履行自己的职责和义务；积极组织参加学校内外的体育活动
	交流能力得到提升	加强与学生、家长、同事沟通

个人层评价表

评价内容	非常同意	同意	讲不清楚	不同意	很不同意
辨别实践中可用所学知识的场景					
灵活运用培训所学知识					
课堂教学效率提高					
教研成果提高					
个人心理调节更加容易					
自我效能感增强					
时间管理能力提高					
团队精神提高					
交流能力得到提升					

附录16

体育教师培训绩效评价调查问卷（三）

亲爱的同学：

您好，感谢您在学习之余抽时间填写此份问卷！

这是关于您的体育老师对您影响的问卷。问卷以不记名方式进行，仅为研究参考之用，请您不必顾虑。根据自己的亲身感受和个人实际情况，请评价体育教师在受培训后对您体育运动的积极性、主动性和锻炼行为的影响，在您认为合适的选项上打“√”。

请在填写问卷之前，务必仔细阅读评价标准，并根据标准对本次培训进行客观评价，谢谢！

评价标准

指标	说明
积极性、主动性	参加课堂内外体育锻炼的态度
锻炼行为	以体育意识为引领，以健康体育健身知识为指导，运用各种体育技能促进健康的行为

学生影响评价表

评价内容	提高很多	有所提高	基本不变	有所下降	下降很多
积极性、主动性					
锻炼行为					